不去伤害，也不被伤害

陈志恒 著

浙江文艺出版社

前言

孩子，为什么你不愿意和我说话？

"陈老师，想请教你，该如何让我的孩子愿意和我说话呢？"

我抬头看着这位眉头深锁、忧心忡忡的母亲。她说，孩子长大后就越来越不愿意和她说话了。她的孩子已经上大学，但只顾着玩社团，荒废学业多时，眼看就要毕不了业，她相当担心。

"他还愿意和他父亲说点话，但是什么都不跟我说。这样一来，我就难以知道他在想什么了。"

我问她是否知道亲子关系如此疏离的原因。她想了想，告诉我："会不会是他小时候我们太忙了，让他觉得孤单、寂寞？或者是他高中时遇到挫败，然后整个人就变了样？我也搞不清楚，实在找不到原因。"

通常，亲子关系紧张、冲突或疏离的背后，总有错综复杂的成因，难以一言以蔽之。我又问："你们不会一句话都不讲吧？那他什么时候是会开口说话的？"

这位母亲陷入苦思："很少啊！好像有一次，他跟我说起他观察到同学很热心，会帮助其他人之类的。总之，都在谈别人的事。"

"很好，那么，你当时怎么回应他的呢？"

"我就说，你的同学很优秀，所以你也要认真一点，不要再荒废学业，不然到时候毕不了业……"

嗬！一听完这句，我就大概明白孩子为什么不愿意和她谈话了。

"与孩子互动"和"让孩子用功"，你选哪一个？

细究他们亲子之间的交互方式，常常是在某种契机下，孩子说了一些事情，母亲接着就开始劝孩子要用功、听话，也就是一直讲道理。我告诉那位母亲："如果孩子每次与你互动，都要接受一番训话或劝诫，他当然不想再接近你，压力多大呀！"

"可是，孩子的课业成绩一塌糊涂，难道我就什么都不说吗？这样下去也不是办法吧？"眼前这位母亲越说越激动，眼眶泛泪，内心的无助全写在脸上。

我停顿了一下，用缓慢而低沉的语气问道："所以，你这么做之后，产生想要的效果了吗？我是说，孩子就此愿意用功，或者更愿意与你说话了吗？"

她深深地叹了口气，摇摇头。

"如果'与孩子重启对话'和'让孩子专注于课业'这两个目标只能选一个，你会选哪一个？"

母亲又陷入苦思，她问我："不能两个都要吗？"

我说，这两个目标目前看来是会相互抵触的，所以她只能选一个，要有优先级。左右为难之下，她说："能够开始对话吧！"

"好的！那么，我们试着重来一次。当你的孩子告诉你有关他同学很热心的事情时，你是否可以有其他方式的回应？或者就只是好好地听，先不要讲道理？"

母亲不解地摇摇头。我举了些回应的例子：

"谢谢你告诉我这些，我很喜欢你和我分享生活中的事情。"

"你一定很喜欢你的同学吧？他还有哪些很棒的地方呢？"

"我很好奇，你对于他如此热心的行为有什么看法呢？"

"哇！我以前也认识一个很热心的人，跟你的同学有点像……"

母亲一边听，嘴里一边复诵，似乎正努力把这些话记下来。突然，她又抬头问我："那么，我就没机会告诉他要好好用功读书了？"

"对！就先别说那些吧！当下，就只专注地听孩子好好把话说完整，或者只把焦点放在那件事情上就好。

"我知道，你急切地想和孩子好好沟通。唯有如此，才能把想讲的——也就是要孩子'别荒废学业'——传递给孩子，设法改变孩子。只是，你可能不知道，所有想改变别人的意图，终将会招致抵抗。"

而改变的意图越强烈，招致的抵抗也越强烈！

越想改变孩子，越会把孩子推开

当一个人越长越大时，会逐渐发展出自己的独立性，渴望做自己的主人。当任何的人际互动威胁到个人的独立性时，为了保有自主权，他势必会做出自我保护的动作——不是强烈抵抗，就是减少与对方的互动，或者消极配合、阳奉阴违。

这位母亲所有的心思都放在"孩子为什么不好好念书"上，又发现不管怎么沟通，孩子都不搭理，互动冷淡。于是她期待通过与孩子有良好的沟通互动来达到说服孩子专心学习的目的。

只是，孩子这么大了，同样的话一直讲，如果有效果，早就有效果了。无效的方式，做再多也是无效的，不但无效，还常常会把孩子推开，让彼此的关系更疏远，从而远远背离大人原本的期待。

当我们与亲人或孩子交谈时，总会忍不住给对方建议与评论，或是讲大道理，这往往是对方最不想听见的。能不能多创造一些时光，哪怕只是片刻也好，就只是好好地把对方的话听完、听懂？或者带着好奇，告诉对方自己想多知道一些。如果不知道如何响应，也可以只说："谢谢你愿意告诉我这些，我很喜欢听你分享你的事情。"如此就好。

当我们不再带着想要改变对方的意图，对方才会感到轻松自在，就像在和好朋友聊天一样。

其实，这就是"有品质的陪伴"最简单的方式。

从好好听孩子说话开始

我试着让那位母亲理解："如果觉得让孩子愿意找你说话是重要的，那么，你能不能在孩子开口表达时，就只是专注地听，不说教也不批评，让他完整表达？"

"然后呢，这样就结束了吗？"

"对，这样就结束了。但是他会发现，与妈妈说话的感觉不一样了，不再充满压力。下一次他就会愿意说得更多。如果你仍然保持专注、好奇、不说教也不批评的态度，孩子便会一次又一次越讲越多，因为，与你聊天是轻松自在的。到了那个时候，你的建议或分享才会产生影响力。"

"那么，他的课业问题怎么办？我就不管了吗？"

我知道她仍关注这个问题。我告诉她，她可以选择大胆地放手，让孩子自己去承担后果。孩子成年了，父母已经尽到了劝说的职责，剩下的，就让他自己从现实经验中吸取教训吧！

事实上，在我的经验中，孩子遇到困难或者出现偏差行为时，如果亲子关系能够改善，问题就会减少大半。而提升亲子互动的质量永远是最重要的事情，前提是，大人需要先放下试图改变孩子的念头。

然而，如果我们没有足够的自我觉察，就难以意识到自己被卡在"要求对方必须照着自己的期待走"的念头中，更难以做出有效的改变。

有品质的陪伴，让彼此获得滋养与成长

两年前，我离开了学校教职，成了一位高自由度的心理工作者，服务的对象从青少年转向青少年的家长或老师。我一直相信，孩子的问题不只是孩子的问题，还反映出大人世界的问题；当大人改变了，孩子也就跟着改变了。

我接触得越多，越常看见好多无助的师长，他们所承受的痛苦，没有最糟，只有更糟。就如上述故事中的那位母亲一样，他们总是带着某些执着，看不清自己与孩子互动中的局限，更难以觉察自己需要做出调整与改变，只是一味地期待孩子有一天能大彻大悟、浪子回头。

如果坚持旧有的观念与做法能让孩子改变，孩子早就改变了。这样的问题不只发生在亲子关系中，在所有的关系形态中，都时有所见。因此，我总是对那些被困在关系中而深感痛苦的人说："改变自己比较快！"

回到亲子关系中，我们都知道，孩子是需要花时间陪伴的。然而，"陪伴"两个字说起来容易，要做到位却有很大的学问。陪伴不只是人待在对方身旁就可以，而是彼此要有互动与对话。良好的互动是能让关系中的彼此都感到滋养与成长，这便是有品质的陪伴——相处时间的长短往往不是最重要的，关键在于每个相处的当下是否有高质量的互动。

这本书，我写了很久，是过去几年来与无数的孩子及其父母、师长接触后留下的文字反思。维持过去一贯的写作风格，我尽量以案例故事的方式呈现如何收获高品质的亲子关系。为尽可能保护当事人的身份与隐私，书里的案例多由真实故事经充分改编后撰写而成。

关于这本书

本书共由六个部分组成，分别探讨的是：

明明想靠近，却把你推远：

谈那些无助于提升关系质量，甚至常把孩子越推越远的无效陪伴方式。有意识地避开教养陷阱，关系质量就能提升。

细致贴近与深度联结：

谈如何通过同理心联结孩子的情绪感受，细致地贴近孩子的内心世界，进而拉近彼此的距离。

正向回馈，相信希望就在云的背后：

谈如何通过有效的肯定与赏识，以正向聚焦的回应唤起孩子的内在力量与自我价值感。

在关系中培养应对挫败的本事：

当孩子遇到成长中必然遇到的挫败时，师长该怎么做才能帮助孩子越挫越勇，而非一蹶不振。

站对位置，做有效的选择：

探讨一些陪伴孩子的重要观念，父母与师长需要站在对的位置上，有智慧地给孩子成长的力量。

关照自己，做不焦虑的父母：

陪伴孩子成长，也是自我陪伴的过程，投入心思照顾孩子，也别忘了关照自己，因为，我们给不出自己身上没有的东西。

翻开这本书，你可以从头开始阅读，也可以各篇分开阅读。书里的内容谈的虽然都是亲子关系，但这些陪伴的技巧也可以运用在其他任何关系的互动中，如师生关系、伴侣关系、朋友关系、同事关系……因为，但凡涉及人与人的相处，道理及原则都是相通的，当然也包括与自我的关系。

愿你在每一段关系中，都能获得滋养与成长。

测试：你与孩子的亲子关系健康吗？

你正为与孩子的互动相处烦恼不已吗？许多父母大叹，现在的孩子打不得、骂不能，到底该怎么教孩子？

请从以下叙述中找出符合你最近一年以来的描述，测试你在亲子关系中的痛苦指数。命中1题得1分，共有12题（希望你不是满分）。得分越高，痛苦指数越高——表示亲子互动的瓶颈正逐渐把你逼向崩溃边缘。

为你的亲子关系做个健康检查吧！

□ 1.为孩子付出了一切，孩子却不懂得感恩与珍惜。

□ 2.越想靠近孩子，孩子似乎躲得越远。

□ 3.孩子的情绪起伏不定、反复无常，不知道如何适当安抚才好。

□ 4.被孩子阴晴不定的情绪反应激怒，理智线难以接回去。

□ 5.每次赞美孩子，孩子都不领情，甚至情绪变得更糟，不知道自己说错什么了。

□ 6.孩子的口中只剩下"不知道""还好""随便"几个字，真叫人抓狂。

□ 7.孩子在课业、人际或生活上遇到困难了，却不知道该怎么帮助他才好。

□ 8.孩子有着某些偏差、极端又怪诞的观念，不知道该怎么帮他矫正过来。

□ 9.常冒出"如果这么难教，干脆不要管好了"这种"放弃教养"的念头。

□ 10.因为没太多时间陪伴孩子而心生罪恶感，认为自己不是个好家长。

□ 11.总是不自觉地把怒气发在孩子身上，事后又后悔不已。

□ 12.整天忙于孩子的事情，却没时间好好照顾自己的身体与心灵。

0~3分

恭喜你，你的亲子关系质量非常高。这本书里有许多沟通技巧，将使你与孩子的对话更深入，带给孩子面对人生困境的力量。

4~6分

你的亲子关系很不错哟，虽然偶有一些小冲突，但仍维持一定的平衡。书中有许多对自我觉察的提醒，将使你在亲子关系中保持更理性的态度。

7~9分

亲子关系困扰了你一段时间，却苦于没有方法改善，对吗？孩子的叛逆与冷淡只是一种成长的过渡，在这本书里，你可以看到许多相似的对话与情境。请不要放弃，只要善用本书的陪伴及对话练习，很快就能与孩子重启联结。

10~12分

看来亲子关系真的带给你很大的痛苦，相信孩子也正面临这样的痛苦。原本应该充满爱的关系，变得冷漠以待甚至针锋相对，想必很令人心痛。这本书正是为了改善这样的困境而写的，只要愿意跟着本书循序渐进，相信回到过去的融洽指日可待，请尽快开始阅读吧！给你和孩子一个修复情感的机会。

测试题目是否让你点头如捣蒜？结果是否显示你的痛苦指数高得吓人？这份检测表并不是为了警告或恐吓你，毕竟只要是关心孩子成长的家长，谁不是日日为孩子的事情烦恼？

痛苦并非坏事，而是在提醒你，需要通过不断的反思与学习，找到更适合与孩子相处的方式，包括更新一些观念，或者改变互动的习惯——这本书就是为了身陷亲子互动烦恼的你所写的，赶紧继续读下去吧！

目录

Part 1

Part 2

细致贴近与深度联结 / 39

Part 3

正向回馈，相信希望就在云的背后

Part 4

在关系中培养应对挫败的本事　　　　　　　/ 113

Part 5

站对位置，做有效的选择

Part 6

关照自己，做不焦虑的父母

Part 1

明明想靠近，却把你推远

孩子，我是如此想靠近你，渴望与你无话不谈！我多么期待，我们能如过去一般，零距离地亲密互动。可是，不知从哪一天起，我越想接近你，你却闪得越远；我越想关心你，就越不得其门而入。到底是什么阻隔在我们之间？是什么让我们身陷关系的泥淖，彼此都痛苦？

好心办坏事！
为什么孩子总是无法理解父母的苦心

"我的孩子最近课业严重落后，却又花许多时间在网上。我们担心他遇到了困难，努力地与他沟通，但他就是不想听，也拒绝与我们对话。"

这是家里有青少年孩子的家长常向我诉苦的内容。接着，他们会无力地问："我们该如何让孩子明白我们的心意呢？"

大部分的父母对孩子总是全力付出、不求回报，这份爱与用心绝对是毋庸置疑的。然而，这样的真心常换来绝情。有时候，孩子就是不领情，对父母的努力反唇相讥、冷嘲热讽，或者频频唱反调——这在青少年阶段的孩子身上特别容易出现，也伤透了父母的心。

为什么会这样呢？

首先，我们得明白，青少年正忙着理解发生在自己身上反复无常的思绪与行为，很难有多余的精力去体会父母的想法或感受。

其次，我们要问，青春期的孩子若真能充分理解父母的心意，是否就会修正自己的行为，成为令父母放心的好宝宝、乖孩子？

孩子其实什么都懂，就是无法照着做

我是个长期与青少年打交道的心理工作者。在会谈室中，常听到陷入困扰的青少年这么说：

"我也知道爸妈很辛苦，但就是受不了他们这么唠叨！"

"我也懂得爸妈爱我、在意我，但不知道怎么了，跟他们没说几句话，我就感到很愤怒！"

如果我们认真地去探究青少年的心理，就会发现，这些半大的孩子，早就足够成熟，能理解并体会父母的用心了，只是无论怎么样也无法照着父母说的做。为什么？

因为，青少年时期的特征正是逐渐开始重视个人的主导权，亦即渴望对自己的人生方向及生活大小事拥有支配空间。因此，在青少年心底没说出来的话常常是：

"爸妈说得也没错，但听他们的就输了！"

"现在照着爸妈想的做，以后不就都要听他们的了？"

"就算理亏也要死撑着，绝对不能弱掉！"

说穿了，青少年看似酷酷的，一副毫不在乎的模样，实际上比大人还重面子，比大人更在意他人对自己的评价。

亲子关系主导权争夺战

我们不难发现，青少年与父母之间的对立或冲突，就是一场又一场关系中主导权的争夺战——都想说服对方，谁也不想让着谁！

大人要孩子接受的观念，大部分都没有错。只是，一旦父母设法对孩子传递（或灌输）这些见解，对青少年而言，就是一种被"强迫推销"的感觉。青少年立刻感觉到，这段关系中的主导权不在自己手上，连带着人生的自主权也受到威胁了。

然而，越是这样，父母越是不解：为什么孩子就是不能体会父母的用心，就是不愿意接受父母善意的劝说？因此，便耗费更多的精力与孩子"沟通"，设法说服孩子"听话"。

结果就是，父母越用力表达，孩子就越用力抵抗。

孩子内心深处的风暴

特别是那些正面临困境的青少年，他们意识到自己有麻烦，讨厌自己反复出现的问题，也苦恼该怎么帮助自己脱困。然而，在面对父母时，他们又得表现出一副毫不在乎、无所谓或者故意唱反调的模样。父母拿他没辙，最后精疲力竭，干脆放弃，不管了！

其实，无法做到父母所期待的事情，孩子的内心也是相当沮丧、无力的。他们能理解父母的用心良苦，但又拉不下脸去配合；意识到自己正在违逆父母，又让他们深感愧疚，就更不知道该如何响应父母了。

不论是粗鲁无理的积极对抗还是阳奉阴违的消极配合，都是青少年在展现、捍卫自己在关系中的主导权。掌握权力就会感受到力量，这是青少年证明自己已经长大，足以独当一面的途径。

每个人都是在这样的过程中逐渐建立起自我价值感的。我常说，所谓自我价值感的高低，是一种内心是否有力量的状态。掌握权力，便会让人感受到力量，显示自己是重要的。

放弃说服孩子，认清真正重要的

有智慧的父母，要避免陷入与孩子的主导权争夺战。只要是战争，不论谁输谁赢，最后的下场都是两败俱伤。那该怎么办呢？这里先提供几个原则性的做法，之后的章节会做更细致的探讨。

1.不要试图通过孩子的改变来证明自己多么用心。

父母也是人，也需要被认同、被肯定，不希望"用心良苦却成空"。但是，千万别从孩子那里寻求认同或肯定，这样是在要求孩子照顾我们的人生，并非真正为了孩子好。

2.别再执着于一定要孩子理解大人的心意。

让孩子理解大人的苦心，并不代表孩子就会愿意改变。事实上，孩子都懂，只是不能承认或赞同，否则他们就"弱"掉了。过度执着于这一点，就会陷入与孩子的主导权争夺战。静下心来想一想：比说服孩子更重要的事情是什么？

3.与孩子保持一点点"安全距离"。

不是不能关心，只是不要太过频繁地关心；可以偶尔问候，但不要一直找孩子"沟通"。因为孩子自己可能也很混乱，说不出个所以然，面对难以回答的问题，只会更加焦躁不安。更何况就算知道自己的问题，大多数孩子也会硬撑着不说，免得又"弱"掉。

4.同理孩子的处境，用"陪伴"取代"提供建议"。

对青少年而言，"确保自己是有能耐的"是件重要的事，大人的每一句建议，都凸显出自己的不足与无能，当然不能接受。因此，我们可以常常告诉孩子："我知道你现在也很苦恼。""我感觉到你也很期待自己能够快乐一点。""我观察到你好像蛮无力的。"类似这种"同理心响应"，不但能与孩子保持关系联结，还能温和地让孩子感受到被支持的力量。

5.正向聚焦与正向回应。

做父母的要时时提醒自己，目光别一直放在孩子的"问题"上，而是多去观察孩子什么时候做得不错。例如，上网时间没那么多、主动完成作业、心平气和地与父母谈话……当出现这些好的行为时，立刻告诉他："我看到你……（具体行为），我很喜欢你这么做。"

6.让自己好过一点。

没有人喜欢与经常处在焦虑中的人相处，父母的过度紧张无助于孩子改善自己的问题行为。反过来，父母先把自己的情绪状态照顾好，保持轻松与自在，亲子关系才会越来越好，孩子也将更有力量去面对自己的人生课题。

➾ 给家长的话

有智慧的父母，要避免陷入与孩子的主导权争夺战。只要是战争，不论谁输谁赢，最后的下场都是两败俱伤。

在亲子互动中，你总是抓错重点吗

"你是我儿子，我连碰你一下都不行吗？"

有一次去看展览，正在排队进场时，我听到了后面一家人的对话。一对父母带着两个青少年时期的孩子——一儿一女，也正排队等着进场。

母亲伸手想摸男孩的头，男孩躲开了，并且摆着臭脸。拉不下脸的母亲对着男孩说："你这个小孩怎么这样，碰一下都不行？"

"我是你妈妈，难道不能碰你吗？"母亲想接近男孩，男孩继续往后退，脸上显得更加不悦。"做妈妈的都不能摸一下自己的小孩吗？"母亲转而问一旁的女儿。女孩不知道怎么回答，母亲继续问："不行吗？不行吗？"音量越来越大。

"妈！别说了，大家都在看呢！"女孩感到很尴尬，男孩干脆离得远远的。

"有什么好尴尬的？你们是我的孩子，我本来就可以碰你们。你哥哥是怎么回事，长大了，叛逆了，让妈妈碰一下都不行？"

母亲连珠炮似的抱怨着。

父亲站在一旁，无奈地板着脸，全家人一同看展的雅兴想必都被破坏了。

我在一旁听着，很想回头告诉这位母亲，孩子不想让你碰就别碰他。这就是青少年，他有他的主见了！

青少年有着不容被侵犯的领地

许多家长都有这样的经验：孩子进入青春期后，那个原本爱撒娇、随时可以与你搂搂抱抱的可爱天使，转瞬间就在身体外围筑起了一道墙，你碰不得也接近不了，否则就会换来一场暴怒或不耐的响应。

除了身体，孩子也开始有了自己的领地，其他人不得跨越雷池半步。孩子不再轻易让你进入他的房间，不喜欢你随意动他的东西。抽屉开始上锁，房门随时是关着的，没经过他的同意就动了他的东西，免不了会被大声咆哮一番。

你很纳闷，这孩子怎么变了？别太惊讶！这就是青春期孩子典型的模样，这是他们由依赖迈向独立的必经过程，他们希望对与自己有关的任何事物都拥有绝对的主导权。

放弃"我是你父母，所以我可以……"的念头

你很不解："孩子是我生的，为何我不能碰他一下？"当然可以，如果他愿意的话。但孩子若闪躲或拒绝，请放弃这份坚持吧！你会比较自在。

他是你的孩子，你当然有绝对的权力去保护与管教他；然而，他不是你的财产，他有自己的意志与尊严，你得开始学习尊重他。

许多家长都怀着"我是父母，我要怎样对待孩子是我的权力"的念头，于是理所当然地随意进出孩子的房间、随意翻动孩子的书本作业，甚至任意拆开孩子的信件。他们认为这样做很正常，这是身为父母的权力，孩子不需要也不应该有意见。

当父母抱持这种信念对待青少年孩子时，便会更理所当然地认为："孩子人生的所有决定都需要与我商量，甚至听命于我。"

孩子拼了命也要捍卫自己的人生主导权

换个立场，孩子又是怎么想的呢？

孩子长大了，想证明自己的能力，想自己做决定，包括身体要如何开放，他都自有盘算。孩子也知道让父母碰一下没关系，但他就是不喜欢。不是不喜欢被父母碰到，而是不喜欢父母的态

度——那副"凡事都得听我的"的样子。

孩子会想，如果我连身体要不要让人碰触的决定权都没有，那么接下来，我的休闲娱乐、交友选择、花钱方式、升学择校，一直到后来的就业、择偶与婚嫁，是不是都没有自己决定的空间了呢？

所以，再怎么样，青春期的孩子们都要捍卫这些看似微不足道的小事！

每一个叛逆行为背后，必有一个控制的意图

孩子有着强烈的"我想自己决定自己人生"的期待，父母则有着"我是你父母，我有权力干涉你的事"的信念，两种想法碰在一起，肯定剑拔弩张，天下大乱！

青春期的孩子渴望自己做主，许多看似叛逆的行为，事实上都是感受到自己正受到控制时的反应。当孩子出现叛逆的行为时，父母得停下来反思，自己是否正无意识地发出意图控制孩子的信息，而这样做真的有效果吗？

或许，你可以告诉孩子："我很想像你小时候那般，随时摸摸你、碰碰你，感觉很亲密。同时，我也知道你长大了，有自己的想法，因此，我也会尊重你。当然，如果你想撒个娇，与我拥抱一下，我会很欢迎。"

也许有一天，你会很惊讶地发现，孩子开始重新与你有了肢体上的接触，因为青春期酷酷的外表下往往藏着一颗柔软的心。

尝试有效的方式，有时候比坚持是非对错还重要——你要的不就是与孩子之间亲密的互动吗？

别为小事错失了亲子之间真正重要的事情

做家长的要能认识到，孩子那些看似无理的抵抗并没有错，只是做法激烈了点而已。因为他们大脑的发育水平还不足以支撑他们用比较温和、理性的方式去与他人互动，我们曾经也是这样走过来的。然而，身为父母，若忙着通过极力控制孩子的言行以凸显自己身为父母的尊严，恐怕会错失亲子之间很多真正重要的事情。例如，孩子不再愿意与你一同出游，不再愿意与你分享生活中的喜怒哀乐，不再找你讨论任何决定，甚至拒绝你参与他人生中重要的时刻，如毕业典礼。

与其常在"我是你父母，为什么不能碰你一下"这类小事上计较，弄得两败俱伤，不如调整想法，改变方式，思考如何与孩子保持信任、和谐的互动关系。如此，你才能在孩子人生中的重要时刻适时发挥影响力，尽到父母的责任——这才是真正重要的事情！

⌘ 给家长的话

　　身为父母，若忙着通过极力控制孩子的言行以凸显自己身为父母的尊严，恐怕会错失亲子之间很多真正重要的事情。不如调整想法，改变方式，思考如何与孩子保持信任、和谐的互动关系。

质问式语句是关系中的隐形杀手

也许你不知道，日常生活中时常使用的说话方式，有时候是破坏关系的杀手，特别是在亲近的人之间，如亲子及伴侣之间。

有位母亲在厨房里忙完，走到客厅的沙发上休息片刻，才坐下来，见一旁念高中的儿子正目不转睛地看着电视。她向儿子开口说道："孩子，你怎么不去帮我倒杯水呢？"

孩子应了声："噢！"便离开座位倒了杯水递给妈妈，脸上的表情不是很愉悦。

母亲心想："我整个早上忙进忙出，你在那边跷着二郎腿看电视，让你倒个水还要摆臭脸给我看。"于是忍不住抱怨："你怎么都不能体谅一下妈妈的辛苦呢？"

"好啦！我知道啦！"孩子不耐烦地回应。

母亲听了更不开心："你的语气就不能好一点吗？我是你妈，不是你家用人，好吗？"

"好啦！我说我知道了嘛！我没有那个意思！"

这是一个令母子双方都感到泄气的亲子互动场景，但却是经常在每个家庭上演的熟悉戏码。不过是妈妈请儿子倒杯水，问题出在哪里呢？

带有否定意味的质问式句型

我们不难发现，这位母亲对孩子说出的话语中，有一些共同的模式，里头常是"怎么没有……？""为什么不……？""怎么不会……？""难道不能……？"的句型结构。

这是一种典型的"质问式"句型，语句中带有否定的字眼，并以问号作结。常见的包括：

"离开时怎么都不关门？"

"你为什么没有顺道帮我带点东西？"

"你怎么没有找我一起去？"

"你难道不能体谅我一下吗？"

"你怎么没有先跟我说一声？"

大多数的人听到这样的话语，心里都是不舒服的。因为其中带有浓重的指责与否定意味，不是指出了我们没有做到的事情，就是贬抑了我们的人格与形象。

言者无心，听者有意。说话的人不一定有意要指责或否定对方，通常只是在传达一份请求。像前述例子中母亲对孩子说："你怎么不去帮我倒杯水呢？"真正想传达的是请孩子帮忙倒杯水，希望孩子展现体贴，而不是真的想知道孩子不去倒水的原因。

只是，听在孩子的耳里，他感受到的是被母亲责难："我不够体贴，我不是个乖孩子！"自然会产生防卫心态。

如果孩子直觉地回应："你又没说渴了，我怎么会知道？"接下来免不了的就是针锋相对的对话。

如果换个说法，直接表达自己的期待，或许就能避免关系紧张甚至冲突。例如："孩子，我好累，有点渴了。请你帮我倒杯水，好吗？"这便是直接请求，儿子应该会很乐意为母亲效劳的。

认真解释了，你又不想听

当我们说出质问式语句时，表面上似乎是要对方解释没做到某事的原因，但事实上，我们一点都不想知道为什么。我们真正在意的是对方没有做到自己期待中的事情，希望他能够做到。而当对方想方设法努力解释时，却发现我们根本不在意、不想听，这往往会令对方感到十分恼怒。

有个孩子某一天比平常晚些到家，父亲劈头就问："你怎么不早点回家呢？"

"我也想呀！但是今天放学比较晚，我错过了平常那班公交车，等下一班花了很多时间，路上又堵车，所以才会比平常晚。"
孩子认真解释道。

"那你怎么不先打个电话回家呢？你难道不知道我们很担心
吗？"父亲接着问。

"我也想呀！不过我的手机刚好没有电了。"

"你怎么不留点电量用在紧急时刻，你难道不知道这样很危
险吗？"

此刻，孩子终于发现父亲表面上是在问自己晚回家、没先打
电话的原因，但事实上根本不在意自己的回答，从头到尾只是指
责而已，似乎自己的所作所为都很愚蠢。

如果不在乎原因，又何必问呢？

质问式语句总会戳中对方最在意的自我价值感

质问式语句在关系中最大的破坏力，是传达出对对方能力的
不信任。

我们很容易将对方的质问式语句解释成："你根本就不相信
我能做到！""你就是质疑我的能力呀！""你一定觉得我欠缺这
方面的能力吧？"于是我们回应对方的语气也不会太好。

如果我们本来就担心自己的能力不足，不相信自己可以做
到；如果这是一直以来我们极力隐藏，不想被知道、被看透的部

分，那么一旦被揭露，我们情何以堪？

所以，使用质问式语句，一个不小心就会戳中对方的自卑之处。在防卫心理驱使下，对方不是不想继续这个话题，就是使用更强烈的攻击性字眼回应，这场对话铁定不欢而散。

每个人都希望受到尊重、被他人喜爱；没有人喜欢自己在别人眼中是恶劣的形象。然而，质问式语句容易传达出一种贬抑与负面的评价，从而戳中人们最在意的自我价值感。

想想自己的起心动念，直接提出请求

我们活在关系中，也活在他人眼中。虽然不需要过分在意他人的观感，但也不能对别人的评价丝毫不予理会。"做自己"与"我行我素"之间经常只有一线之隔。

相应地，我们也必须体会他人在意被如何评价的心情，特别是我们的家人，包括另一半与孩子。因为，家人之间总是最渴望被对方认同与肯定的。

在话语脱口而出之前，请先想想自己的起心动念是什么吧！如果你只是希望对方做出某些行为，请直接提出请求吧："请你下次早点回来。""请你记得来找我前先跟我联络。""请你顺道帮我买样东西。"……

如果你确实想知道对方没做到的原因，也请直接开口询问吧："我看到你今天心情不太好，可以告诉我发生什么事了吗？""你的成绩最近有点退步了，可以告诉我原因吗？""两个会议的时间撞期了，我想知道当时是如何协调的。"……当然，在知道原因之后，你也得与对方讨论解决方案，而不只是数落或责难。

明确传达内在意图、少用质问式语句，就能让彼此关系更亲近，陪伴质量更高。

✑ 给家长的话

质问式语句容易传达出一种贬抑与负面的评价，从而伤害人们最在意的自我价值感。因此，在话语脱口而出之前，请先想想自己的起心动念是什么吧！

拥有"拒绝拿孩子做比较"的勇气

"每次遇到家族聚会,我总是很抗拒,能不去我就不去!"眼前这孩子有点生气地说,"他们总爱拿我跟同年龄的兄弟姐妹做比较,弄得大家都很尴尬,真的很烦!可是,我更讨厌的是,我也会不由自主地拿自己跟别人比较。"

我们都讨厌被比较,但却又爱跟别人比较。我们似乎希望通过比较来证明自己,却常常因为比不过别人而自责、懊恼。

其实,早在我们强迫性地拿自己跟别人做比较之前,儿时已非自愿地被拿来与其他同龄孩子做过比较了。

永远有比不完的目标,永远有比不过的人

许多家长表面上告诉孩子自己不在意他的课业表现或成就,但一到亲朋聚会,就开始询问其他家孩子的成绩表现:数学考得如何?有没有在补习?模拟考排名多少?接着会说:"你好棒

啊！不像我们家那个，都看不到他在念书。我也没有期待他考得多好！但至少不要差人家太多呀！"

这样的话，听在孩子耳朵里，不论比输比赢，都不是滋味。

为什么要避免拿孩子的成就与别人做比较？因为，不论结果如何，都是在不自觉地向孩子灌输："你只能借由赢过别人来证明自己的价值。"然而，人生而自有其价值，每个人都是独一无二的，不必凡事都和别人一样，也不必什么都胜过别人才能显示自身价值。

当我们隐约地感觉到必须与别人比较才能肯定自己存在的价值时，便会无时无刻不在搜寻可以比较的目标，特别是那些被社会大众价值观认为重要、我们也很重视的事物。

但这样会让生活过得很辛苦，因为你永远有比不完的目标，永远有比不过的人。赢了这次并不会为你带来多久的快乐，很快，你就会为自己找到另一个可以比较的对象。

什么？孩子也会拿大人做比较？！

不知道大人们有没有想过，你的孩子是否会拿你和别人家的父母做比较呢？

当然会！

"小明他们家每个暑假都出国，五大洲都玩遍了，你们怎么都不带我出国？"

"小英有她自己的房间，为什么我就只能跟姐姐共享？"

"大华他爸买苹果手机给他当生日礼物，我也想要换一部手机！"

不知道家长们听了这些话心中是何滋味。我想，你可能会告诉孩子："我们家的经济状况没人家好，不要羡慕别人。现在好好念书，以后找份好工作，赚了钱还怕不能出国玩、买房子、买手机吗？"

此刻，如果你的孩子回一句"那你们以前为什么不好好念书？"，我想，你可能会气到脖子暴青筋了吧？

可是，孩子说得没有错呀！

教养孩子必须遵守一个原则：不希望自己如何被对待，就不要如此对待孩子！成人需要被尊重，孩子也同样必须被尊重。既然自己不喜欢被拿来比较，就不要拿孩子的成绩和表现与别人家的孩子做比较。

拿孩子做比较，并不能证明自己是够好的父母

许多家长认为"比较"会帮助孩子看到自己的不足，敦促他们努力向上。确实，在比较下，有些孩子会为了赢过别人而努力。然而，孩子们付出努力背后真正的动机是什么？

是想为自己的人生奋斗，还是只是为了获得父母的肯定？

"一旦我赢过别人，就不会让父母感到失望。"很多孩子这样告诉我。

一个人最早的自我认同是来自成长过程中主要照顾者的评价，特别是父母；而一个人的自我价值感也有很大部分建立在父母对自己的观感上。所以，当我们逐渐长大后，出现强迫性与他人比较的行为，正是"寻求父母肯定"这种渴望的延伸。

这样的心态，便在无意识间复制到下一代身上。

身为家长，为什么总是要拿孩子来做比较？或许他们也在寻求被肯定，期待通过子女优异的表现，证明自己是优秀的父母，或补偿自己过去未被满足的需求、未能得到的荣耀。说到底，家长也在渴求能被自己的父母肯定，即使现在一点也不需要了，但那虚幻的渴求一直深植在心中。

因此，身为家长的我们，必须时时刻刻自我觉察：我们是否正无意识地将自己不希望被对待的方式，复制到子女身上？同时，我们是否正通过拿孩子做比较，来证明自己是个够好的父母，或者用来实现自己过去未能实现的理想、弥补那未竟的遗憾？

对抗"爱比较"的文化洪流

然而，我们的社会正充斥着"比较文化"。家长们要在这股"爱比较"的洪流中逆势操作，实在不容易。

从每次高考发榜后，媒体大篇幅对各地状元考生的专访报道中，便可以窥见我们的社会多么推崇"见贤思齐，见不贤而内自省"的精神。

然而，通过树立标杆或楷模让孩子心生向往，萌生"有为者，亦若是"的心态，与借由一而再、再而三让孩子看见同龄孩子的优异表现，从而发现自己的不足，进而激励自己力求上进，两者是截然不同的。

后者常会让孩子在比较的过程中逐渐发现自己根本一无是处，最后斗志全失，再也不敢大刀阔斧地冒险前进，没有勇气面对未来的挑战；因为害怕失败，更担心被人发现自己原来不如人。这样的结果谁都不乐见。

试着看见孩子的成长

在这个世界上，我们需要比较的对象永远只有自己。

如果我们能够今天比昨天进步一些，明天比今天活得更加快乐自在一点，这就是一种成就，我们就该满足。人生在世即有其独一无二的价值，都需要被肯定、被重视，又何需总是进行孰优孰劣的比较呢？

将心比心，别把自己不喜欢被对待的方式用在孩子身上；别把自己内心的匮乏与自卑复制到孩子身上。珍视孩子的独特价值，我们应该拥有"拒绝拿孩子做比较"的勇气，这正是对孩子最好的支持。

∽ 给家长的话

教养孩子必须遵守一个原则：不希望自己如何被对待，就不要如此对待孩子！成人需要被尊重，孩子也同样必须被尊重。既然自己不喜欢被拿来比较，就不要拿孩子的成绩和表现与别人家的孩子做比较。

孩子最不缺的就是建议！

常在亲子咨询中遇到家长这么问我："我该怎么跟孩子说，孩子才会听？"

视情况不同，我有时候会说："如果一直说都没有用，那就先别说了。"

这时，我会收到既惊讶又疑惑的眼神，我便解释："因为，你说出来的话，都是一个又一个的建议，这是孩子最不想听到的。"

"但是，不给他建议，要跟他说些什么呢？"

我不禁纳闷，难道除了给建议，亲子之间就无话可说了吗？

确实，在我们成长的过程中，大人们总是忍不住要给建议（或是根本没想过要忍）。于是，当我们长大后，也如出一辙地拼命给孩子建议："你应该要……""你最好是……""你赶快去……""你怎么不……"除此之外，真的"无话可说"了。

如果想要破坏关系，就拼命给建议吧！

你我或许都遇过那种没聊三句话就滔滔不绝地分享自己高见的人，同时还要下起指导棋："我知道，这件事只要这么做就行了！"听了颇反感。

请记得，给建议常常是破坏关系最简易又快速的方式，而且关系越亲近，作用力越强——亲子之间如此，伴侣之间亦然。如果你想破坏与亲朋好友的关系，就拼命给对方建议吧！

你一定会想："我的一片善意，何以就换来对方的不理不睬？真是'好心被雷亲'。"然而，事实就是如此，你的满腔热情往往只会获得对方的白眼。如果对方的黑眼珠都翻到后面，你还管不住自己的嘴，一讲再讲，那么，你已经到达给建议的极致境界——成功破坏关系。

大多数的情况下，对方需要的根本不是建议

不是在所有的情况下给出建议都会带来反效果。然而，大多数时候，当我们不由自主地给出建议时，总是自以为是。若此刻对方需要的根本不是你的建议，那么就算他正深陷困境、泥淖，也会拒绝任何高明的提议。

"你说得对，可是……"

"我也知道，可是……"

"这我试过了，不……"

当你提出精辟的见解，想解救对方于水深火热时，是否常听到这样的回应？对方回答得很客气，内心话其实是："别再说了，我有这么蠢吗？"

这就是贸然给建议的风险——让对方感觉自己很糟；尤其是你说的其实对方早就想到了，甚至都尝试过了。当你没有深刻理解对方的内在感受便开口当起老师时，对方的心里可能正嘀咕着："闭嘴好吗？你以为你是谁呀！"

这种状况在与孩子互动时同样适用。

是为对方好，还是为自己好？

给建议常是人际互动中难以避免的坏毛病。这是因为，我们总是需要在对方面前证明自己有着高人一等的优越地位。你给出建议的那一刻，就已经把自己摆在比对方还要高的位置上了。因为，能给建议的人，似乎懂得比较多、经验比较丰富、方法比较高明，同时也意味着，他正站在正确的一方。

相较之下，接收建议的人就被比了下去，有种矮人一截的感觉："我都已经够挫败了，听了你的建议，正好证明我真的很糟，我当然不想再说了！"

如果你还搞不清楚状况，相同的建议重复给，类似的话语反复讲，最后就成了"碎碎念"。

有个朋友告诉我，她老公总是抱怨她爱碎碎念。我看过他们夫妻俩相处，她确实唠叨得很厉害。我问她为什么，她说："他就是不听呀！要是他愿意改，谁想像老妈子一样一直叨叨？"

我问："但你老公因此改变了吗？还是依然故我？"她摇摇头。我说："那么，无效的方法为什么要一直做？"她愣住了，想了半晌，告诉我："这样做好像会让我感觉好一点，至少没那么糟！"

我们总是很难自我觉察，当我们给出建议时，在意的常是自己，而不一定是对方。好为人师或老爱碎碎念的人，内心的活动也许是这样的：我虽然无法说服对方听我的，但至少内心可以感觉到"我是对的，你是错的"；当我自以为是地站在"正确"的一方时，我的心理位置便提高了，因此，我的感觉会好一点——即使对方永远都听不进去，也一点都不认同。

这么看来，我们好像只是在自欺欺人。当我们无法改变对方时，就设法通过证明自己是对的、对方是错的来自我安慰，看起来是为对方好，事实上是为自己在人际互动的挫败里找台阶下。

如何适当地给出建议

刚刚说了，不是在所有的情况下给出建议都会带来反效果，若时机抓得对，对方可是会感动到想哭的。不论在什么关系中，想要给他人建议，遵守以下几个原则就对了：

1. 对方主动要，你才给。

换句话说，没人主动询问你的高见，请尽量闭上自己想给建议的嘴，就算有再高明的见解或对策，也是如此。

2. 在有足够的情感理解后才给。

当一个人被深刻理解后，往往才是向他给出建议的最好时机。因此，请先带着好奇的心态，好好地倾听对方的故事，全盘理解事情的脉络，并深刻地同理对方在那个处境下的情绪感受。当人们感受到"有人懂我"，情绪被完整地接纳时，自然就听得进别人的观点了。

3. 只给新的选择，不带任何评价。

最高明的建议，是引导对方找到面对与解决问题时的新选择。请记得，你的建议应该是纯粹分享你的观点与做法，切勿同时评论对方原来的做法："我不是早就跟你说过了吗？你就是不听……"这样只会招来白眼。

4. 放弃要求对方非得改变的意图。

很多时候，当我们想改变对方时，常常只是想证明自己是对的。越是坚持对方得照着自己的建议做，就越是想凸显自我的价值与重要性。在大多数情境下，请允许对方可以自我决定是否改变，或者用自己想要的方式改变吧！

要做到这一点很难，对不对？特别是面对孩子，更难。因为我们是父母，是师长，理应永远是对的，而且"我是为你好"！所以，"避免给建议"是需要练习的。下次，当你很想给他人建议时，不妨先问问自己："此刻，对方最需要的真的是我的建议吗？"

⌘ 给家长的话

大多数时候，当我们不由自主地给出建议时，总是自以为是。若此刻对方需要的根本不是你的建议，那么就算他正深陷困境、泥淖，也会拒绝任何高明的提议。"避免给建议"是需要练习的。下次，当你很想给他人建议时，不妨先问问自己："此刻，对方最需要的真的是我的建议吗？"

为什么给出最大的诱惑，
孩子的问题行为还是毫无改善

曾有个家长来找我咨询。他家里有个上小学六年级的孩子，他描述这孩子"天性好动，静不下来，常不写作业，准备考试总是很随意"，还说这孩子"头脑很不错，但就是用错了地方，不肯用功读书"。

他知道我对孩子的"学习议题"颇有钻研，特地前来讨教如何帮助他的孩子静下来，专注一点，好好向学。

我好奇地探问："那你们是怎么做的呢？"

"我们就一直劝他，一直念叨，苦口婆心。但他总是爱理不理，或者口头上说好，用功个一两天就破功。老师对他也感到很头痛！"

"这孩子越长大越不听话。我们实在是束手无策，我们甚至告诉他：'只要你成绩进步，想要什么我们都买给你！'无奈，他还是依然故我！"

"他想要什么你们都愿意买给他？这是很丰厚的奖赏呢！"

我相当惊讶，同时，我也好奇，"可是，为什么孩子不买账？"家长跟我有一样的疑惑，于是我请家长回家问问孩子。

几天后，家长告诉我，孩子说："反正你们又不会真的做到！"还说，"而且，我已经很用功了，成绩就是没进步，我也没办法啊！"

我问家长听了孩子的话之后的感觉或想法，家长陷入了沉思。

"我哪有每次？"——孩子也曾经努力过

我时常遇到一些家长，抱怨孩子的各种问题，包括课业成绩不佳、不够专注、沉迷网络、晚睡、赖床、情绪控管不佳、常与人起冲突……家长常说："他每次都这样！"面对孩子时，孩子却告诉我："我哪有每次？"

"我哪有每次？"这句话是个重要的信息。它在告诉大人，其实孩子也曾尝试表现出合宜的行为，减少出现不被大人赞许的问题行为，不管是在频率上还是程度上。然而，这些努力所呈现出来的改变由于不够显著、不够完整，而难以被大人发现，无法留下深刻印象，或者被大人视为理所当然。于是孩子感到挫败，既然尝试努力没有用，那么不如干脆放弃。

一旦孩子在内心深处为自己下了一个结论："我不可能做到大人要我做的事情！"他便会放弃所有努力！

是什么让丰厚的奖励失去了意义

"我不可能……"是让人内心匮乏无力、行为裹足不前的"局限性信念"之一，是一个人在屡遭挫败之下为自己贴上的标签，时时提醒着自己："事情无法改变，就此成定局。"

于是，大人即使给出再大的诱惑，也无法促使孩子改善行为表现。因为，在"不可能做到"的前提下，那些丰厚的奖赏对孩子而言都是无意义的。

然而，此刻孩子还得表现出一副无关紧要的样子，对大人提出的奖赏装作毫不在乎，如此才能合理化自己"做不到"某些行为表现的内在信念。想想，我们不也常在达不到某些目标时告诉自己："其实这个目标也没那么重要，做不到就算了！"以此来保护自我价值吗？

若是父母曾经对孩子食言，无法兑现曾经许下的诺言，孩子就更不会把父母摆在眼前的物质奖赏当作一回事了！

真的无关紧要吗

孩子真的不在意吗？

大多数孩子都知道要抵抗诱惑、努力向学，也知道要控制脾气、和颜悦色，也知道要养成早睡早起的习惯，除了知道，也都曾尝试过。或许是因为方法不对，也许是因为不得要领，也可能是因为遭遇重重困难，总之，结果就是没能够表现出大人心目中理想的样子，或者无法持续展现合宜行为直到能够被大人看见。

孩子也会感到挫败，也会因为做不到而自责不已，也会为自己的不争气而感到生气。大人的一句否定或怒骂，常常会全数推翻孩子曾经投入的努力——既然付出心血换来的是一顿责备，那么不如干脆放弃！

大多数孩子都期待得到大人的赞赏与肯定，特别是他们父母的。对他们而言，获得父母的肯定就像爱的联结。这会让他们体验到安全感，知道自己是被爱的，也会让他们感觉到自己是有价值的。

事实上，对孩子而言，这些心理层面的满足比物质上的奖赏要有意义得多。而许多家长却错用大量的金钱与物质奖赏作为对孩子优异表现的鼓励，或者用剥夺奖赏作为惩罚。

不经意地贴上负面标签

回到前面那位前来咨询的家长身上。我说："孩子很诚实，告诉你们他相当真实的心声呢！"家长不解地看着我。

"首先，他在告诉你们，他认为你们只是随口说说的，就算他成绩真的进步了，你们也不会兑现诺言；再者，也是最重要的，他在告诉你们，他尝试着努力过了，但从来没有被看见，他的努力无法反映到成绩上，挫败之下干脆放弃尝试。在这种情况下，当然再大的奖赏都无法打动他。"

"曾经努力过了？"家长讶异地说，"可是，他总是摆出一副无关紧要的样子呀！"

"那是他在掩饰内心因无能为力而感到的痛苦呀！"我对眼前的家长说，"或许我们该与孩子讨论他内心的感受，试着理解孩子无法达到你们期待时可能遭遇到的困难。"

"可是，我们以为他天生就是好动、随性、静不下来……"

"正因为他好动、随性，而且一副无所谓的样子，我们就忽略了他也是有情绪感受的。而当我们为孩子贴上'好动''随性'与'静不下来'的标签时，就等于暗示孩子是一个'不可能好好用功'的人了。"

孩子放弃学习或缺乏学习动力的背后，常存在着种种"学习创伤"。而通过了解孩子的情绪感受，让孩子感觉到被理解，常是抚慰创伤的良药。

把孩子的行为表现看得更细致一点

我们也得学习把孩子的行为表现看得更细致一点，哪怕是多研读功课几分钟、多翻了几页书，无论成绩如何，都是值得被看见的。改变，一次一点点就好。若从此刻的状态走到目标状态需要分成十步走完，那么，就别期待孩子一步就抵达。

行为表现的改善，是建立在一次又一次的成功经验上。当家长能够带着孩子认可每一次小小的进步时，自然能够帮助孩子重获尝试付出努力的力量，同时松动内心那"我不可能……"的局限性信念。

∞ 给家长的话

"我哪有每次？"这句话是个重要的信息。它在告诉大人，其实孩子也曾尝试表现出合宜的行为，减少出现不被大人赞许的问题行为，不管是在频率上还是程度上。

Part 2

细致贴近与深度联结

　　是什么把人与人联结在一起？是情绪感受。当人们能彼此分享共同的情感时，心与心的距离最近，最能感觉到被理解。大人在陪伴孩子的过程中，最重要的功课便是学会响应孩子的情绪感受，以深切的同理心表达对孩子的关爱与理解；同时，也要通过真诚地表达情绪感受，树立起人际界限，教会孩子尊重自己与他人。

串起深厚的人际联结，
你需要的是不带分析的同理心

在各种研习场合里，我致力于推广同理心响应的技术。因为，同理心在人际关系的建立与维持上，是相当有力量的交互方式，不管在伴侣间、朋友间、销售场合、谈判桌上还是助人工作中，无一不适用。

我在咨询与辅导的实务工作中也大量运用同理心技术，特别是对有对抗心态的青少年或者不容易沟通的家长。同理心运用得宜，总能够逐渐让对方打开心门，与其开启有深度的对话。

兼具态度与技术的沟通形式

同理心是一种态度，也是一种技术。

以态度而言，同理心是我们身为人类，对另一个生命拥有感同身受与充分理解的意愿，而非冷淡或漠不关心。因此，在人际关系中展现同理心响应的首要条件是，我们具有与另一个人联结的意愿，并且带着真心诚意的态度；否则，再高明精准的同理心响应都起不了作用。工具本身是死的，唯有人赋予它生命，才能展现其活力与功效。

以技术而言，最基本与最简单的同理心，就是两个步骤的组合：

第一个步骤为"感同身受"，也就是对对方的处境有深刻的理解并体察对方的感受，就仿佛发生在自己身上。我在带学员操作"感同身受"这一步骤时，通常会让学员启动内在感官："试着站到对方的位置上，透过他的眼睛看世界，通过他的耳朵听声音，以他的身体感觉一切，越多越好。"同时，将注意力放到自己当下的内在感受上，特别是身体的感觉。身体的信号会为我们带来一份情绪信息，我们再进一步去辨识这是一种什么样的情绪感受。所以，同理心是一种与对方分享相同感受的状态。

第二个步骤便是"表达出来"，也就是以适当的形容词将我们理解的情绪感受说出来，让对方知道。表达时，必须佐以适当的表情、姿态、语调及语速，并能与那份情绪属性相配合。"表达出来"的目的是要让对方感受到被理解，从而能与我们有更多的联结，使得对话能够更深入、更丰富。

分析、批判一旦出现，情感联结便断了线

许多人以为，同理心就是尽可能透过各种线索去猜测对方的情绪感受或内心想法，甚至去分析对方的处境以及这些情绪感受或想法的成因。

在一次课程后，我曾与一位父亲聊起他与孩子日常对话的情况。

那位父亲说，在上了我的同理心响应课程后，发现自己与孩子交谈时也开始频繁使用同理心。可是，孩子并没有想要与他更亲近，甚至会露出不悦、想逃的表情，有时候还会让父亲别再说了。这究竟是怎么一回事？

我请那位父亲举一个日常对话片段来听听。他说，有一次孩子参加完英文考试回到家，脸色不是很好看。父亲关心地问："怎么啦？"孩子没回答。

父亲进一步问："是不是考试没考好，心情不好？"

孩子点点头，沮丧地说："对呀！听力的部分没写好，写到最后大脑中一片空白，我觉得我应该会写的。"

父亲回应道："听起来好可惜哟！"

对话到这里，一切都还好。父亲接着问："那你是怎么做的呢？"

孩子回答："我只好凭感觉猜，反正后面都听不懂了，也不知道该怎么办。"

父亲接着说："你一定感到很懊恼吧？平时花了那么多时间准备，临场考试却没有正常发挥。"又说："其实很多时候败就败在太紧张，心情一慌乱，本来会写的都变成不会的了，不是吗？之所以会太紧张，就是因为准备不足，我看你平常练习英文听力的时间可能不够，或许要再加强才行……"

他说到这里，孩子已经不想听了。

我也喊了停，好奇地问那位父亲："你觉得问题出在哪里？"

他苦思一会儿说："不知道！难道我做错了吗？"

孩子站在一旁。我转头问孩子："你说呢？"孩子低下头，没回答。

"我看见你很努力要与你的孩子达成同理，这很不容易。"我先赞许这位父亲，接着说，"这段对话的前半段都还好，后面孩子越来越听不进去，是因为你已经不是在同理，而是在批判、分析与找原因了，甚至是在说教和给建议。"

孩子听了之后，眼睛一亮，连忙抬头说："对对对！就是这样，让人很反感啊！"父亲有点尴尬地笑着，低头思索着我的话。

孩子情绪波动时，最需要的是情感上的联结，一旦对话的焦点转移到理性、逻辑、分析与批判等大脑思考模式时，便与孩子断了联结。

一旦开始分析，便脱离了同理心的本质，表达时也会忘记带着感情，因为，此刻你是用大脑的逻辑思考在响应对方，而非心与心的接触。

同理心的深度走到哪里就到哪里

然而，同理心技术真的完全不涉及理性分析的成分吗？也不尽然。

更高层次的同理心，通常涉及对他人处境与情绪的推理程序。也就是说，我们需要通过综合分析他人究竟发生了什么事、当时的行为反应，以及此刻对当时事件的情绪反应与想法等线索，更进一步地推导出对方行为背后的动机、意图或更深层次的情感。

通过深度推导与分析而来的同理心，可以让对方自身未曾察觉的情感或观点浮现，往往能让对方获得顿悟或豁然开朗的感觉。只是这种高层次的同理心响应技术需要视场合和具体情况而定。

当对方仍处在强烈的情绪状态中，或者双方的关系还不具有足够的信任感或安全感时，一针见血地响应，常会让对方感受到心理威胁，因而退避三舍，甚至决定结束话题。

因此，同理心的深度走到哪里就到哪里，不要勉强。当发现对方开始产生心理抗拒时，就尊重对方的接受度，将响应的深度停留在此即可。别忘了，同理心响应是基于与对方建立深度联结的意愿，对另一个生命的绝对尊重是最重要的前提。

自我同理，开启与自己的联结

若将"感同身受"与"表达出来"这两个同理心响应步骤运用在自己身上，会发生什么事呢？这便是通过自我同理与自己联结，是情绪管理的第一步。

我们通过将注意力放到内在，觉察自己当下的情绪感受，仔细地观察情绪是如何通过身体感觉传达信息给我们的，同时用适当的情绪形容词将这份感受表达给自己听。从这一刻起，我们的情绪就被承接起来了。

同理心响应并非一般人对话常用的模式，要能发挥它的力量，必须在生活中有意识地勤加练习，并避免上述的误用情境。通过一次又一次的练习，你将会发现，在每一段在意的关系中，人与人之间的情感联结加深了，话题也变得更加丰富而有深度。

∽ 给家长的话

在人际关系中展现同理心响应的首要条件是，我们具有与另一个人联结的意愿，并且带着真心诚意的态度；否则，再高明精准的同理心响应都起不了作用。

在对话中持续觉察，在觉察中持续对话

在一次教师研习中，我带领几位老师进行同理心的对话与响应练习。我邀请大家以自身的故事作为素材，与伙伴们互相练习如何响应对方的情绪。

当身旁的人遇到挫败时，不论是处于激动还是沮丧的状态，同理心的响应都能有效地帮助对方稳定下来；而在稳定的身心状态下，进一步讨论"怎么应对"或"如何解决问题"效果会比较好，对方也比较能听进我们的建议。

同理心响应最简单的做法，就是对对方的感觉或想法"感同身受"，并且用适当的话语（通常是情绪形容词）将对方的状态表达出来。

现场的老师提问："在现实生活中，让我们头痛的孩子常是带着敌意的，他们的语气或态度通常很差，合作意愿也很低，同理心的响应该怎么做呢？"

现场其他老师纷纷点头。

通常，那些配合意愿低或对师长带着敌意的孩子，在与师长互动时会以两种方式表现：一种是口气不佳，并带着火暴的情绪；另一种是消极配合，就是频频说："好、好、好，我知道了！"但实际上仍然"做自己"……

面对带着敌意的孩子，你需要的理解与觉察

在与这类孩子互动时，通常要有两个基本认识：

1.任何抗拒必伴随着控制而来。

当孩子主观感受到自己受到控制，缺乏自主空间时，便会试图夺回主导权。不论是怒目相向还是消极配合，都是在关系中争夺主导权的表现。

2.态度不佳只是在用力表达。

响应态度不佳的孩子，特别是语带攻击同时又情绪激动的孩子，通常是正在"很用力"地表达自己的感觉与想法。他们如果认为大人没听见或没听懂，便会使出更大的力道，情绪张力更强、口气更差，直到他们觉得再怎么表达都无济于事时，便会放弃与大人互动。

事实上，师长的困境不是不知道如何响应，而是不知道如何不被孩子的话语或态度激怒，让自己的情绪保持稳定。这需要有足够的自我觉察才行。

接下来我将呈现一段师生对话，示范如何在情绪感受上响

应孩子。请特别注意，若你是这位老师，在每一句对话之后，你的内心会生出哪些情绪与想法？它们又会如何影响对话的质量与效果？

这段互动的背景是，某位同学在班上与另一位同学发生了严重的口角纠纷。老师利用下课时间找这位同学谈话，一方面想要了解孩子怎么了，另一方面则是希望能帮助孩子改变现状。

老师："听说你刚刚又和同学发生冲突，差点大打出手。现在还很生气吧？"

学生："对呀！不然呢？"（脸转向一侧，斜眼看着老师。）

老师："除了生气，还有什么感觉呢？"

学生："已经跟你说生气了，还一直问！"

老师："老师问起这件事，好像让你感到不舒服，是吗？"

学生："对呀！不然呢？"

老师："所以，你不喜欢我一直问？"

学生："奇怪，那你还问？"

老师："嗯！谢谢你愿意告诉我，你不喜欢被一直追问，我甚至能感觉到你有一点生气。"

学生："没有！老师，那我可以走了吗？"

老师："嗯……你很不想和我谈话？"

学生："对！不想。所以，我可以走了吗？"

老师："你当然可以走。你不想跟我谈话，我会尊重你。不过，我很谢谢你让我知道你的想法及感觉。"

学生："……"

老师："你不想和我谈话，会不会是因为你担心说了也没用，非但没能被理解，反倒会被骂，是这样吗？"

学生："……"（没说话，但微微点头。）

老师："所以，你心里面是有些担心或害怕的，你觉得老师不会懂你，还会指责你。"

学生："你就是会呀！而且你总是特别针对我……"

老师："特别针对你，指的是？"

学生："你怎么不找另一位同学来问话，是他先惹我的好不好？但你每次都只找我来！"

老师："我明白了，所以你感觉到不公平，是吗？甚至有些委屈，因为明明是对方先惹你的，是吗？"

学生："……"（低下头，眼眶泛泪。）

老师："嗯……是呀！如果我是你的话，我也会感到很委屈；老师每次要找我过去时，我也会担心。更重要的是，我会有种不被信任的感觉，是这样吗？"

师生对话节录至此，这位老师的响应帮助学生本来激动的身心状态渐渐稳定下来，他也愿意与老师谈起自己的委屈及困境，接下来，才可能与老师一同讨论如何面对及解决问题。

具有疗效的高质量对话练习

从上述的对话中听得出来，那位同学是持续带着敌意的，时而出现攻击性话语，时而消极配合；然而，那位老师没有给出任何建议或评价，不讲道理也不说教，而是将对话的焦点持续放在孩子的情绪上，让孩子能感受到被充分理解。

这样的对话能够有效持续，师长势必有强大的自觉能力，并且能够快速调控自己的状态。

首先，当学生说出"不然呢？""还一直问？""我可以走了吗？"等具有挑衅意味的话语时，师长的第一直觉反应常是："你这是什么态度？""你懂不懂得老师的用心呀？""我干吗浪费时间在你身上呢？"也就是被学生恶劣的态度给激怒了，于是冒出指责学生的话语，或用更强烈的情绪试图压制学生，取回互动的主导权。结果常常是学生更加笃定："看吧！我果然会被骂！""老师根本不会想理解我！"最后两败俱伤，不欢而散。

所以，师长意识到自己有着"愤怒""生气"或"挫折"等情绪——因为觉得不被尊重，或者身为师长的尊严被侵犯了——在脱口而出一些反击的话语时，必须清楚地想一想："什么才是有效果的回应？"继而打破惯性的响应方式，持续在情绪感受上响应对方，让双方的互动能够维持。

特别是当孩子控诉"你总是特别针对我！"时，师长要能忍住想要解释或澄清的意图，先带着好奇听孩子怎么说，并且继续响应孩子"不公平"或"委屈"的情绪感受。

而且，当学生出现敌意攻击或抗拒的回应时，师长得愿意正向解读孩子行为背后的意图，要看见孩子正"很用力地想表达自己"。因此师长也需要更用心地聆听孩子，同时为"愿意说出来"表达感谢。

最后，这段对话的关键转折，出现在老师选择将谈话的焦点从一个事件（当事人常与同学发生冲突）转移到师生此刻的互动关系上，也就是聚焦在"此时此地"（here and now）发生在两人之间的事情上。

在助人会谈中，对话的焦点若在事件上，称为"内容"（content）；对话的焦点若在此时此地双方的关系上，则称为"历程"（process）。具有疗效的高质量对话，通常会关注"历程"多于关注"内容"。

综上所述，当师长在面对情绪高涨、敌意攻击、配合度低或消极对抗的孩子时，需要记得与不断练习如下几件事情：

1. 在情绪感受上给予回应，尝试帮助孩子打造"被理解"的情感体验。

2. 自我觉察当下的情绪状态，特别是不被尊重时的愤怒或挫败感，并理解这些情绪的来源。

3. 当想要反击时，停下来思考一下：这段对话的初衷是什么？一开始设定的目标是什么？你的反击是否能带来有效的结果？什么才是当下真正有效的响应？

4. 看见并正向解读孩子行为背后的意图——孩子正"很用力地想表达自己"。

5. 将对话的焦点从"内容"转移到"历程"上，在互动关系上持续响应孩子的情绪感受。

能否与孩子进行有质量、有效果的对话，安顿好自己的情绪状态是关键，这有赖于平时在对话中有意识地觉察，并带着觉察持续与孩子互动。

↫ 给家长的话

在脱口而出一些反击的话语时，想一想："什么才是有效果的回应？"继而打破惯性的响应方式，持续在情绪感受上响应对方，让双方的互动能够维持。

碰触情绪感受，
是通往孩子内心世界的途径

猜一猜，这个世界上用来形容正面情绪和负面情绪的"情绪形容词"，哪一种比较多？没概念吗？"情绪形容词"就是"快乐""喜悦""难过""悲伤""焦虑""恐惧""幸福""满足""兴奋"等用来描述情绪状态的词语。

其实你只要拿一支笔，在白纸上尽可能地写下你所知道的情绪形容词，再数一数，统计一下，便能知晓答案。不出意外的话，应该是负向情绪形容词比较多。

人类天生是悲观的，古今中外的戏剧或文学作品，对于人类负面情绪的描述，总是比两者情绪的描述更加细腻。而这些作品之所以能打动人心，重点在于情绪感受的相通与共鸣。因此，情绪感受是联结人与人之间的桥梁，在互动时，一旦触及情绪，彼此的内心就会立即联结起来。

特别是孩子，因为尚未完全浸润于成人世界所崇尚的理性、推理、逻辑、分析等思维框架中，内心世界的情绪感受就更自然、自由且活跃。

我们常能见到一些不愿意与大人沟通的孩子，让人觉得无法接近他们的内心世界。然而，孩子们其实正用某一种情绪感受在传达信息，可能是愤怒、焦虑、漠然或失望。这也是一种沟通方式，只不过有别于语言文字。问题是，大人是否听见了？是否有能力响应？

拒绝沟通的孩子到底怎么了

曾有一位母亲拉着她就读初一的孩子来找我。

这位母亲说，孩子上了初中后，跟上小学相比简直变了一个人——不只是外观因发育而转变，脾气也变得起伏不定，回到家里不是闷不吭声，就是勃然大怒。最令她担心的是，孩子最近半年迷上了网络游戏，每天都沉浸在网络世界里好几个小时，严重影响了学业。

这位母亲曾来上过我的课，她说："听了你的课之后，我知道青少年情绪起伏大是正常的。但他对网络游戏沉迷成这个样子，令我很担心。我也知道，网络成瘾可能是孩子用来应对生活困境的方式，所以我也不敢贸然断网，怕造成更严重的后果。我很想和他沟通，问题是他怎么都不肯说出到底遇到了什么困难。"

这位母亲的观念很正确，我不禁对她暗暗称许。确实，网络成瘾常常是孩子在生活中遭遇困难时，用来应对焦虑或痛苦的一种机制，通常与"关系联结"的断裂有关。我们应该学习把网络成瘾当作一种求救信号，而非当成毒蛇猛兽，欲除之而后快。

"我今天把他带来一起上你的课，你能不能帮我跟他谈谈他到底怎么了？"

这种状况其实很令人感到困窘。我知道孩子根本没意愿跟我谈，这是这位母亲的一厢情愿。但她好不容易把孩子带出门了，这番努力也需要被肯定。

谢谢你愿意告诉我

我转头看着这个初一的大男生，他也瞥了我一眼，视线随即飘向别处。

"嘿！帅哥，你刚刚坐了整整两个小时听演讲，是吗？很不容易哟！"我试着先从可以肯定他的地方着手。

这孩子没回应我，继续将目光定在别处。我知道这不是一个容易展开对话的情境，便深呼吸调整一下身心状态，试着用低沉的语气说："是呀！现在有点尴尬，是吧？"停顿了一下，又说："你被妈妈要求来与我谈谈，但你根本不想，感觉不是很好吧？"

我又停顿了一下，继续说："我猜，你心里不舒服，是因为觉得不受尊重，对吗？"这次语速放得更慢了。孩子稍微把脸转过来一点，看看我，但仍然没有正脸面对我。

"你没回答，但你看了我一眼，谢谢你愿意给我一些回应。"我专注地看着他，继续说，"其实，我很好奇，是什么让你愿意与妈妈一同来听这场讲座，而且从头听到尾？一般青少年会觉得挺无趣的，不是吗？"

沉默了片刻，孩子开口了："就是她一直说、一直说、一直说，烦都烦死了。反正在家也无聊，出来也没什么区别。"

我接着说："谢谢你让我知道这些。那么，我现在跟你说话，问你问题，你会觉得烦吗？"

"还好。"这孩子耸耸肩。

青少年常用"还好"一语带过不知道如何确切形容的状况。我点点头，进一步澄清："'还好'是偏向不会很烦，还是偏向很烦呢？"

"不会很烦吧！"孩子停顿了一下，突然冒出一句话，"让我觉得烦的人不是你啦！主要是我妈。"我镇定地点点头，并回头看了一下他母亲，示意她暂时不要回应。

我想知道你的感觉是什么

我说："我很想知道，妈妈哪里让你感觉到烦呢？"

孩子说："就是一天到晚都在唠叨，大事小事都要唠叨。从我上初中之后就很爱管我，什么都要管，功课要管，跟同学出去也要管，真的很烦！"

我看着这孩子，他的语气中带有愤怒，声调越来越高，双手紧握。我继续用稳定与缓慢的语气探问："你说母亲一直唠叨、爱管闲事，你的感觉是什么？我的意思是，除了很烦，还有什么感觉？"

孩子停顿了，但看得出脸色更差，似乎有股情绪正在积累。我说："觉得很生气吗？气妈妈不尊重你？或者，觉得很挫败，因为感受不到被妈妈信任？"

孩子说："不知道。我都这么大了，她干吗还这么爱管？"

"嗯！你觉得自己长大了……"我重复了一下他的话语，这些字句是关键。孩子眼眶泛红，眼泪慢慢滑落，啜泣了起来，跟一开始漠然的神情完全不同。

"你看起来很难过的样子，发生了什么事吗？"我的身体微向前倾，轻轻地问。

孩子边哭边告诉我："刚上初一时，有好几次小考我的成绩都不太好，妈妈就开始很紧张，一天到晚盯着我学习，我想做别的什么事情都不行。只要一回家，她就一直唠叨、一直唠叨。可是，我真的用功了啊！但就是考不好嘛！为什么这样就要一直管？出去打球的时间也要被限制，跟朋友打电话也不行，连我说要跟同学一起出去学习，她也认为我会被同学带坏，不准我出门……可是，我真的努力了呀！"

我回应道："当时，你一定感觉很挫败，因为你真的用功了。"

这孩子边哭，边用力地点点头。孩子继续说："而且，我也不知道为什么自己的脾气变得很暴躁，动不动就对家人生气。"

"你觉得自己的情绪似乎失控了……"接着，我猜测着说，"后来，你干脆不跟他们说话了，免得又说出不好听的话，是吗？"

孩子说："嗯……我也不知道自己怎么了，只好上网去打游戏，那样能让我忘记一切。我知道沉迷于网络游戏不对，可是，我控制不了自己……"

"这样呀！你肯定会觉得很自责吧？但矛盾的是，你又只能在网络世界中让自己感觉好过一点。"

孩子的情绪正在告诉我们一些事

我转头望向他母亲，她已经泪流满面，有点激动地说："可是，你之前为什么不告诉我们？"

"有呀，他的生气、委屈、挫败，甚至冷漠……他通过这些情绪反应向你们透露出许多信息，只是你们认真听进去了吗？"

说完，我看着孩子："谢谢你愿意告诉我你的心情与你的困境。我不知道如何立刻帮到你，但是，我能感受到你有很强的意愿想要脱离现状，不再沉迷于网络。"

孩子点点头。

我继续说："给妈妈和自己一点时间好吗？你看到妈妈也在努力了，对吧？你们都很努力，但改变也需要时间。"

这场对话在这里告一段落。

我不知道他们回去后发生了什么事，但我曾试着与一位素昧平生且没有沟通意愿的青少年说话，我做的事情只不过是一直关注他在意的地方——像觉得自己长大了、觉得不被信任、认为自己已经尽力了之类的——并且不断地响应他的情绪感受，如此而已。

在整个沟通过程中，如果说我试图讲道理或给建议的话，大概是结束前的最后一句话吧。当一个人被触及了情绪，觉得被充分理解时，一些分析、见解或建议才会在他身上发生作用。

◔ʒ 给家长的话

孩子们其实正在用某一种情绪感受传达信息，可能是愤怒、焦虑、漠然或失望。这也是一种沟通方式，只不过有别于语言文字。问题是，大人是否听见了？是否有能力响应？

情绪教育从正视孩子的情绪开始

最近大家都在谈情绪教育。我到各地分享与情绪相关的主题时，许多人也会问我：情绪教育该怎么实施？该如何教出孩子的"情绪力"？

我认为，孩子调控情绪的能力，不应该通过制式的教材教法传授，而应该是从与周围大人真实的互动中逐渐学习与培养出来的。

当我们跟孩子说"当你情绪不好时，第一步怎么做，第二步怎么做……"，一点意义也没有，反而是孩子在与大人的每一次互动中，大人如何应对自己与孩子的情绪反应，深刻影响着孩子的情绪发展以及与自我情绪相处的能力。

当一个人遇到挫败或困境时，感受并展露出不舒服的情绪是相当自然的，孩子更是如此。当大人观察到孩子的情绪反应（特别是负面情绪）时，最重要的是，不要轻易"否定"孩子的情绪感受。

别通过否定情绪感受来安慰痛苦中的孩子

　　试想这样一个情况：孩子放学回家后，板着一张脸，看起来愁容满面。他告诉你，他被同学排挤了，因为班上分组活动时，没有同学要跟他一组，而这种情况已经不是第一次发生了。你会怎么回应孩子呢？此刻，很多大人会说：

　　"唉！没那么严重啦！一定是有什么误会！"

　　"不过是没分到组，有必要难过成这样？"

　　"没事！没事！同学都不懂事。没事，没了了，快去吃饭休息去！"

　　"不需要为这种小事难过啦！"

　　这样的响应看似在安慰孩子，实则是在否定孩子的情绪感受。听起来很熟悉吗？类似的话语我们从小听到大，现在我们又将其复制到孩子身上。否定孩子的情绪感受，有以下几种形式：

　　1.忽视孩子挫败经验的严重性。

　　"这没那么严重，是你想得太多了！"

　　2.无视挫败经验的存在，不与孩子多做讨论。

　　"好啦！没事了，没事了！"

　　3.否定孩子情绪感受的真实性，或不允许孩子有负面情绪。

　　"有必要难过成这样吗？"

　　"擦擦眼泪，不要难过了！"

　　4.指责孩子自然流露的情绪反应。

"动不动就生气、心情不好，这样怎么行？"

否定情绪的结果是花更多力气对抗情绪

否定情绪感受对孩子造成的影响，便是孩子内心容易感到错乱，不知道自己经历困境时所感受到的情绪是否恰当。如果感觉是不对的，他们便会要求自己"收起"这些情绪，试图不去感受这些情绪。逐渐地，孩子也学会了"忽略"或"不允许"这些情绪感受存在，最后成了情感麻木或失去情绪感受的人。

因为出现生气、沮丧、失望、无力、后悔、自责、内疚等这些负面情绪是"不对"的，所以当这些感受浮现时，孩子便会用尽力气去对抗它们，试图驱逐它们，或将它们压抑至意识察觉不到的地方。但这些对抗情绪的方式往往会造成更多的问题，出现更多恼人的情绪感受——"借酒浇愁愁更愁"这句话就是最好的诠释。正所谓"情绪本身不是问题，有问题的是应对情绪的方式"。

失去与自己或他人温暖联结的能力

另外，在孩子经历挫败或困境而感到伤心难过时，否定他们的情绪感受会让孩子感觉到自己的问题不被重视，没有得到理解与支持。一个人的情绪伤痛是需要在温暖关怀的人际联结中被疗愈的；少了这份联结，孩子只能将心底的痛埋得更深一点，甚至责怪自己怎么可以那么脆弱，如此一来就容易心情不好，于是，又加重了内心的挫败感。

最后，孩子也难以学到如何安慰自己，更无法练就与自己的情绪相处的能力；在往后的人际关系中，也难以对他人的痛苦遭遇感同身受，甚至当他人表露出负面情绪时，会不知所措地试图忽略或不允许他人的情绪出现，于是轻易说出"没事了！没事了！没那么严重，不需要那么难过！"之类的话。

熟悉吗？孩子正在复制大人的回应模式。

好了，现在你知道自己为什么会不假思索、自动否定孩子的情绪感受了——因为你从小就是被这样对待的。当孩子遭遇困境而出现痛苦情绪时，你是不知所措的，于是你很快否定孩子的情绪感受，忽略孩子挫败经验的严重性——你真正想解决的，不是孩子的痛苦，而是自己的痛苦。

长期忽略情绪感受将难以捍卫自己的界限

值得一提的是，一个人若无法肯定或正视自己的情绪感受，可能的后遗症便是，当自己的权益或界限受到他人侵犯时，常常浑然不觉。有些人一而再、再而三地成为各种侵犯的受害者。加害者固然可恶，但这些受害者常常是因为没有正视与捍卫自己情绪感受的能力，无法在感受到不舒服的当下便确认自己正在遭受不当对待，从而无法果决地表达自己的不舒服。

试想，当你被人侵犯或占了便宜，心里似乎感到哪里不舒服时，却怀疑这种感觉的真实性，习惯性地告诉自己没有那么严重——这样做当然无法保护自己免于再度受伤。就算对方是在无心之下越了界，也需要相当明确地让他知道自己的情绪感受，他才有机会充分明白并学会尊重别人的情绪感受。

因此，在性别平等教育中，当我们教导孩子如何避免遭受性侵害或性骚扰时，总是会引导孩子确认自己的感受，并相信自己感受的真实性，帮助孩子降低受伤的风险。

说到底，情绪教育就是在培养孩子尊重自己也尊重他人的能力。因为能正视自己的情绪感受，便能做到不允许别人侵犯自己的界限；同时，也能够关注他人的情绪，并展现尊重他人界限的态度。

∾ 给家长的话

否定情绪感受对孩子造成的影响，便是孩子内心容易感到错乱，不知道自己经历困境时所感受到的情绪是否恰当。如果感觉是不对的，他们便会要求自己"收起"这些情绪，试图不去感受这些情绪。而这种应对情绪的方式往往会造成更多的问题。

如何面对孩子想说却说不清楚的矛盾

"这孩子很幼稚，都快上初中了，问他话也讲不清楚，有时候还爱说些反话！"一次课间，一位母亲带着就读小学六年级的男孩前来找我咨询。

看得出来，男孩是被硬拉来的，脸上挂着不悦的神情。我先问那位母亲怎么了。她告诉我，本来男孩跟她颇为亲近，无话不谈；自从他上了五年级，就变得越来越不愿意开口说话。有些时候，母子之间会出现一些争执，但无论母亲怎么问，孩子就是不愿意表达自己的想法。

有一次，学校通知家长，男孩在学校偷改考卷上的答案。母亲对于男孩不诚实的行为感到难以接受，但她努力克制怒气，询问孩子为什么这么做。可男孩就是不说，只是板着一张脸。

"类似的情况越来越多，我真的很想知道，他到底是怎么想的！"母亲无力地说。

我给予母亲一些同理的响应，并且问："如果可以知道他怎么想，对你有什么帮助？"

"我想，我会比较安心。至少心里有个方向，知道该怎么做。"

我点点头。我知道，许多家长试图搞懂孩子的想法，常常只是要让自己感到放心而已。

说出来就是很奇怪

我接着与孩子聊。我问孩子："妈妈刚才说的情况，你听见了吧？你有什么感觉或想法呢？"

"我就是不想跟她说！"孩子回答得很直接，"我如果跟她说，她会看起来很担心，然后就生气。"

"原来你是在意妈妈的感受呀！那么，你不说，妈妈会有什么反应呢？"

"她就会继续问啊！一直问、一直问，越问越生气，我就更不想说了！"

"谢谢你愿意告诉我这些。"我试着肯定男孩"愿意多说一点"的行为，继续问道，"那么，如果妈妈不是一直问，也不会担心或生气，你愿意跟她多说一点你的想法吗？"

男孩摇摇头："不要！"

"为什么呢？"我持续带着好奇发问。

男孩停顿了很久，然后说："不知道……"

我想了几种可能性，让孩子选择：

"会不会是你担心说了会被批评或责骂？"

"还是你觉得你长大了，没必要什么事都交代清楚？"

"还是……"

孩子认真思索了一阵子，眉头都皱了起来："就是……我也不知道怎么说，反正说出来就是很奇怪呀！"

我邀请孩子多说一点这种"奇怪"的感觉，但孩子重复地说着："就是很奇怪……"

不是不想讲，而是不知道怎么讲

我试着深入孩子的内在："会不会是你知道自己有某种感觉或想法，却不知道怎么说清楚，你也觉得很伤脑筋？"

孩子叹了一口气，说："应该就是这样吧！"

"所以，如果这个时候我继续问下去，你就更不想讲了，因为你也不知道怎么讲。"

男孩用力地点点头。

"那么，妈妈问你时，你也有这种感觉吗？很多时候，你不是不想讲，而是不知道怎么讲，所以干脆不讲。但不讲好像又会被唠叨，于是就讲反话算了，甚至对妈妈生起气来。"

孩子再度点点头，我也再度肯定孩子表达的意愿。我转头看着那位忧心的母亲，询问她从中听到了什么信息，她说："原来孩子不是不愿意说，而是不知道怎么清楚表达呀！"

孩子正在练习整理自己的情感与思绪

我点点头，告诉这位母亲，这种现象在步入青少年阶段的孩子身上会比较明显。青少年既敏感又相当在意他人的看法，常会复杂化对一件事情的感觉或想法，同时伴随着许多焦虑、不安与烦躁的情绪。与此同时，孩子也在练习整理自己内在的情感与思绪，需要大人给予他们空间。

我跟他妈妈说："能不能暂时接受孩子现阶段就是难以说清楚自己内在的想法或感觉？他不说，不是不愿意说，而是不知道怎么说；他说反话，不是故意要唱反调，而是在表达对大人一直询问的抗议。"

"这样我就比较能理解了！原来我需要多给他一点空间，而不是一直追问。我会尽量提醒自己这么做，不过，我也很担心自己因为心急就'破功'了……"

我点点头，表示我的理解，接着转头看向男孩："你听到妈妈说的话了吧？你是否也可以允许妈妈在努力学习如何与你相处的同时，有时候会忍不住焦虑或生气呢？特别是在一些时间紧迫的时刻……"

男孩说："嗯！我尽量……"

我笑着回应道："好！我也看到你的努力了。"

允许孩子有个"说也好，不说也好"的空间

许多家长对孩子的矛盾、反复无常或摸不着头绪的行为表现感到苦恼。这种苦恼来自"不知道孩子内心究竟在想什么"，于是，他们挖空心思去理解孩子，但却不得其门而入。事实上，就算了解了孩子的想法，也不一定能改变孩子的行为，但终究能找到安定感。

在我多年陪伴青少年成长的经验中，青春期孩子常处于一种矛盾状态——明明有着某种想法或感受，但就是说不清楚；明明知道要好好表达，但就是不想讲出来。这可能来自童年时期的表达常受到大人批评或否定的负面经历，或者内心想要展现自己成熟独立，乃至有些孤傲的心态。

特别的是，对于向大人表达，孩子心里常会升起一种微妙的"尴尬感"——掺杂着羞愧与焦虑。于是他们常说："要说出来好奇怪啊！"

当父母面对青少年孩子"想表达却又说不清楚"的矛盾时，最好的做法就是允许孩子有个"说也好，不说也好"的空间。父母可以对孩子说："我很想知道你的想法，可以等到你准备好的时候再告诉我。如果你愿意与我分享的话，你想多说一点或少说

一点都是可以的。"

而当孩子愿意表达，哪怕只是一点点模糊笼统的描述，都应该给予肯定："谢谢你愿意告诉我。"或者，带着好奇继续探究："我很想知道你还有什么感觉或想法。"如果孩子努力表达却仍然说不清楚，或者已经面露不耐之色了，父母则应赶快踩刹车："我知道要说清楚可能不容易，那么就等你想到什么时，再与我分享吧！"

事实上，亲子之间的互动，从来不是理所当然的，而是需要不断学习的。尤其当孩子经历不同生命历程的转折时——特别是青少年时期，不论内在或外在，都会发生极大的转变，大人常需要去适应，或调整与孩子互动的方式与步调。孩子自己也得学习如何与这些转变所带来的焦虑不安共处。

亲子之间，若能看见彼此都有着努力调整自己与试图理解对方的行动，双方便是走在同一条道路上，朝着同一个方向前进。过了这一关，亲子关系会更亲近，彼此也能更自在地相处。

⌘ 给家长的话

当父母面对青少年孩子"想表达却又说不清楚"的矛盾时，最好的做法就是允许孩子有个"说也好，不说也好"的空间。父母可以对孩子说："我很想知道你的想法，可以等到你准备好的时候再告诉我。如果你愿意与我分享的话，你想多说一点或少说一点都是可以的。"

学习尊重，来自真实体会他人的情感

最近社会上残忍的杀人事件频传，发生在情侣间、夫妻间、亲子间的皆有。我们不禁要问，为什么有人可以如此冷血？何以有人可以"想要如何就如何"，丝毫不考虑他人的感受？

一件事情的发生常有着复杂的原因，不能只归因于单一因素。然而，站在教育或心理咨询师的立场，思考的常是我们该如何教养出能考虑他人感受、遵守社会规范的成人，而不是残酷无情的冷血怪物。

那么该怎么做呢？父母、师长要"真诚表达情感"，这非常关键。

孩子是如何学习到社会规范的

当孩子从一个完全以自我为中心的婴儿状态逐渐发展出与人相处的社会意识时，他需要体认到所谓的"行为边界"的概念，也就是人际行为是有限制的——孩子必须理解"我的行为会如何影响到他人"，进而意识到"在人际关系中，不能我行我素"，以及"我该怎么做，才是对你我都好"这样的问题。

我们可以回想一下，在成长过程中是如何体会到行为边界，进而学习到社会规范的。通常有两种渠道：

第一，大人通过教条式的灌输，以语言的形式让我们认识到是非对错，强调的是某种行为表现的"对错"或"是否合宜"。

第二，在实际生活中，与人相处时体验与学习而来。例如在幼儿园中，众多幼童抢着玩同一个玩具，在你争我夺之下逐渐学习到唯有"轮流"才能让大家都有机会玩到。为了轮流玩，幼童得学会暂时克制自己的欲望。

两种渠道都能帮助孩子建立起行为规范，但往往后者——在自然的人际互动中借由行为后果摸索得来的结论——对孩子的影响较深、较广。因为，这样的学习是伴随亲身体验的真实感受而来的，不只记忆在意识层面，也深植在内心深处。

他人的情感表达帮助孩子认识到"行为是有限制的"

父母、师长为了让孩子有规矩，常会直接告诉孩子什么是"对的"、什么是"错的"，这是让孩子听话颇有效率的方式。但对于年幼的孩子而言，往往无法真正地体会，甚至可能给他们造成更多的困惑与挫败感。

许多父母都有在吃饭时间对孩子发火的经验。一位母亲在喂幼儿吃饭时，孩子东晃晃、西走走，喂了大半天还是没吃完。母亲也跟着心情烦躁起来，便对孩子说："好孩子就应该赶快把饭吃完，你这样吃饭慢吞吞的，是个坏孩子！"

另一位母亲面对相同的情境，有着不同的回应。她严肃地告诉孩子："我看到你吃了好久还没吃完，这让我很困扰，因为我还有很多事情没有做。请你赶快把饭吃完吧！"

在相同情境下，两位母亲对孩子的回应差异在于是否真实地表达自己的情感。后者明确地让孩子知道自己的行为（吃了好久）与他人情感（"我很困扰，因为……"）之间的关联；前者则搬出"教条"，也就是一些关于是非对错的人际规范（"好孩子应该……"），却把自己愤怒的感受隐藏在教条底下。

那些教条或规范，就是人与人之间的互动规则，它们只存在于人际互动的脉络下——正因为你的行为会影响到我的权益，所以我们必须默契地共同遵守某些行为法则，让彼此能自在相处。

所以，真诚地表达情感往往能让孩子明确地知道，我们的目的是获得尊重。这就是为什么在孩子的教养上，父母对孩子表达情感——不论是正向的还是反向的——是如此重要了！

学习尊重来自亲身体验

"尊重"正是孩子在摸索行为边界与学习建立人际规范时最高的指导原则。

若要孩子懂得尊重，就不能一味地给他们灌输那些"应该做什么"或"不应该做什么"的教条准则，而是要让孩子拥有理解他人情绪感受的能力。父母是孩子人际相处的第一个对象，父母对孩子的特定行为所表达出来的情绪感受，自然能让孩子体悟到"我们是不同的"，以及"我的行为需要把你的感受纳入考虑"——这样就建立起行为边界了。

每天、每时、每刻，我们可能都在引导孩子建立行为规范。当孩子表现出不当的行为时，大人可以试着在指出孩子的问题行为后表达自己内心的真实感受，同时提出具体要求，例如：

"我听到你一直抱怨我，我很难过，希望你能停止这么说！"

"我看到你一直把桌上的东西扔到地上，发出很大的噪声，让我很不舒服，我也很担心东西会被摔坏，请你把东西放回桌上。"

"我看到你今天的作业没有完成，我有点担心。你是不是不会写？我们一起来讨论看看。"

当然，孩子有正向行为时，也可以比照处理："我看到你今天没怎么玩手机游戏，我知道你可以做到自我控制，我很喜欢你的表现。"

要注意的是，请务必只聚焦在孩子特定行为的本身。如果像一些父母那样说"你总是不写作业，就是个性懒散堕落，我真是担心你的未来呀"，就是在否定孩子的人格了。

诚实面对自己的情绪，才能真诚表达

另外，父母需要表达的是自己当下真实的情绪感受，而非将负面情绪隐藏在批判与评价背后。这让我想起，我有个朋友很烦恼：他上小学的孩子，在学校里听到其他同学暑假出国游玩的经历后羡慕不已，回到家便吵着要父母带他出国。父母拒绝了，孩子便开始闹脾气。母亲掉头离开，去做家务，父亲则忍无可忍，拿起藤条教训孩子。

朋友愤怒地骂了孩子一顿："人家要什么你就要什么，也不想想你的学习表现好不好。怎么还敢提出这种要求？而且，爸爸妈妈这么忙，你真是不懂事！"

从朋友的叙述中，我感受到他内心非常愤怒：一方面来自没有能力带孩子出国游玩的无奈，另一方面是感受到孩子不愿意体谅父母的无力，于是通过批评或否定孩子来表达内心的愤怒。

其实，他可以这么响应孩子："我知道你也很想出国玩，但是，爸爸妈妈现阶段真的无能为力。我们没有时间，家里经济也不允许，希望你能体谅。"停顿一下，接着说，"当你不断要求，甚至发起脾气时，我感到很挫败，不知道如何才能让你明白我们的为难。"

"真诚表达情感"不是一件容易的事情，父母要有高度的自我觉察才行。

尊重他人，也能重视自己的感受

从小对孩子真诚表达情绪感受，一方面能够帮助孩子拥有透过他人的观点与感受看事情的能力，也就是同理心；另一方面，父母也在示范如何认可与表达自己的情绪感受。

而当孩子遇到人际冲突，特别是自己的身体或权益被冒犯时，他便学习到，要立即觉知自己的情绪感受（我觉得不舒服），认可自己的情绪（我的不舒服是真实的），并真诚地表达自己的情绪感受（我感觉到不舒服，请你立刻停止这么做）。

于是，孩子在学习尊重别人的同时，也学会了尊重自己。

∞ 给家长的话

父母是孩子人际相处的第一个对象，父母对孩子的特定行为所表达出来的情绪感受，自然能让孩子体悟到"我们是不同的"，以及"我的行为需要把你的感受纳入考虑"，这样就建立起行为边界了。

Part 3

正向回馈，相信希望就在云的背后

你总是不看好孩子还是赏识孩子？你对孩子传递的是希望还是失望？大人的眼光深深影响着孩子的表现，因为每个孩子都想被肯定与被在乎。大人要学习从不同的视角看孩子——不只看到孩子表现结果的好坏，更能看见孩子已经做到、能做到的地方，认可孩子在表现过程中投入的努力、坚持、体贴、勇敢的态度，以及行为背后的良善意图。

"相信自己做得到"的正向回馈

刚进入高一就读时，第一次月考我的数学就考砸了。看着考卷右上方斗大的红字"26"时，我屏住呼吸，闭上眼睛，豆大的汗滴流了下来——我完全不敢置信！

当时我十六岁，刚进入高雄中学这所聚集了大高雄地区顶尖学子的一流学府就读，我也是所谓的"精英分子"之一。但那一刻，我万念俱灰。

在拿到26分的时候，我的耳边回荡着一个声音："你的数学果然没有想象中的好！"我觉得自己是一个失败者，彻彻底底的失败者——数学在高中阶段是何等重要，而我的高中生涯才刚要开始。

"这下你玩完了！"我这么告诉自己。

一年后升上高二，连着两次月考我的数学都拿了满分，升旗时上台领到了难得的"数学成绩优异"奖状与图书礼券，那是莫大的殊荣。

从26分到100分，我是如何做到的？

我比谁都明白，即使一直觉得自己的数学完蛋了，但脑袋里还萦绕着另一个更强大的声音："再给自己一次机会吧！毕竟，一直以来你都是靠着努力换来好成绩的。"

脑袋里的两个声音

当你遭遇一个对你而言重大的挫败时，脑中常会闪过两个相对的念头，一个是"我的能力不足，我办不到"，另一个是"也许我可以再试试看，结果会不一样"。当前者的声音大于后者时，你可能会倾向于就此打住，放弃努力，结局就是以失败收场；而当后者的声音大于前者时，你可能会再接再厉，然后就此翻盘。

前者将思考的焦点放在能力本身，相信自己的本事就是如此，不可能提升或改变；后者将思考聚焦于过程，相信通过不断的努力，应对问题的能力将会提升，自己终究会突破困境。

这两个相对的心态是由心理学家卡罗尔·德韦克（Carol Dweck）提出的，前者称为"固定型思维"（fixed mindset），后者则称为"成长型思维"（growth mindset）。抱持固定型思维的人，相信人的能力、本领与才华是固定不变的；而抱有成长型思维的人，相信自己可以通过不断努力来提升自己的能力，挑战自己的极限。

哪一类思维倾向的人在面对困境时会更快放弃努力，倾向于逃避更高难度的挑战，永远只挑自己有把握的事情做？——通常是固定型思维者。

然而，现今的教育环境下存在许多抱着固定型思维的孩子。"一分耕耘，一分收获""天下无难事，只怕有心人""滴水穿石""积沙成塔，聚少成多""不经一番寒彻骨，焉得梅花扑鼻香"等具有成长型思维含义的名言警句，孩子们多半能朗朗上口，但实际上他们常告诉自己："我不可能。"

"分数至上"文化助长固定型思维

根据卡罗尔·德韦克的看法，固定型思维或成长型思维的形成，与孩子从小面对成败时身边的师长给予的回馈内容有关。若师长给予孩子的回馈聚焦在投入过程中的付出、坚持与方法上，这便暗示了努力可以得到不同的结果；若赞美或批评是依据成就本身或孩子的资质而来，那么便会让孩子觉得一个人的能力是不可能改变的。

由此我们不难理解，在极端重视考试、分数至上的家庭或学校环境中，父母、师长一方面告诉孩子"天下无难事，只怕有心人"，另一方面却用分数高低来评判孩子的学习能力——考得好便得到奖赏，考差了便免不了遭到一顿臭骂（另外还会冒着失去同侪尊重或喜爱等"社会酬赏"的风险）。

尽管孩子仍被谆谆教导"持续努力就会进步"的观念，但这对孩子没太大用处。因为难度渐高的课业、一次又一次的考试挫败，所有现实的压力给孩子的响应都是："你不是读书的料，你属于学习失败小组！"

而学习上的失败与低效能感，有如一股低气压蔓延到与学校生活有关的其他层面，那些本该洋溢青春活力的脸庞逐渐出现了倦容。

促进成长型思维的两个正向反馈原则

我们知道，一个人面对挑战时若拥有成长型思维，便具有持续向前、再接再厉的力量。那么，什么样的鼓励、肯定或正向响应，能够促发一个人的成长型思维，让人"相信自己做得到"呢？

最好的反馈方式就是通过提问的形式，让当事人反思自己在面对工作任务的过程中究竟发生了什么事、主动做了什么；同时，将工作表现的比较焦点放在当事人身上，引导他自己与自己比较，以在当事人面前呈现出一种成长的可能脉络。原则如下：

1.反馈的焦点放在过程中投入或展现了些什么。

2.引导当事人自己与自己比较。

当一个人表现得很好，渐入佳境时，我们可以这么反馈他：

"你是否发现自己一次比一次进步，你是怎么做到的呢？"

"我很好奇，你做了些什么或用了什么方法，帮助自己比上一次表现得更好？"

"你有哪些特质或能力，帮助自己拥有如此好的表现？"

"这次你表现得这么好，你将如何运用这一次的经验，帮助自己面对下一次类似的挑战？"

"如果有人也遇到相同的挑战，你会给他什么建议帮助他成功面对？"

相对地，当一个人遭遇挫败，或者在工作或学业表现上退步了，我们仍然可以通过这两项反馈原则促进成长型思维。例如：

"这次表现虽然不如预期，但之前你有过好的表现，当时你是如何做到的？"

"之前那些成功表现，如何帮助你再次面对类似困境？"

"这次你没有取得预期的成果，那么下一次再面对类似困境时，你将会做些什么来帮助自己呢？"

"面对这次的困难，你做了很多努力，你是如何坚持下来而没有放弃的呢？"

"是什么让你在面对这次困难时，愿意持续付出、坚持下去的呢？"

运用"not yet"（还没有）句型的五步脱困法

卡罗尔·德韦克于2014年的TED演讲中提到，教师要善用"not yet"（还没有）句型给予孩子评价与鼓励。例如：如果学生某门课的表现不及格，她会给学生的反馈是："你'还没有'通过这门课。"因为，"还没有"暗示了还有通过的可能性。

这让我想到"简快身心积极疗法"的创始人李中莹老师在其著作中提到的"五步脱困法"，运用的就是"还没有"这一句型暗示技巧。当来访者说"我做不到某事"时，助人者可以逐步引导当事人改变其限制性的想法：

第一步，困境："我做不到某事。"

第二步，改写："到现在为止，我还没能做到某事。"

第三步，因果："因为过去我不懂得……所以到现在为止，我还没能做到某事。"

第四步，假设："当我学会……我便能做到某事。"

第五步，未来："我要去学……这使我能够做到某事。"

举例而言，当一个孩子一直认为自己人缘不好，不可能受欢迎时，可以通过下面这五个步骤引导其改变想法：

第一步，困境："我交不到朋友。"

第二步，改写："到现在为止，我还没能交到朋友。"

第三步，因果："因为过去我不懂得察言观色，所以到现在为止，我还没能够交到朋友。"

第四步，假设："当我学会如何解读别人的脸部表情或话语信息时，我便能够交到朋友。"

第五步，未来："我要去学习解读别人的脸部表情或话语信息，懂得察言观色，这会使我交到朋友。"

从第一步到第五步，是否让人感到越来越有力量？心态改变了，力量就增强了，便有机会从困住自己的地方跳脱出来！

⌐◦ 给家长的话

若师长给予孩子的回馈聚焦在投入过程中的付出、坚持与方法上，这便暗示了努力可以得到不同的结果；若赞美或批评是依据成就本身或孩子的资质而来，那么便会让孩子觉得一个人的能力是不可能改变的。

除了"那很好啊!",
肯定他人时还能说些什么

    不管在什么形式的人际关系中,多对他人表达肯定与赞美准是没错的。在一个组织或团体中,如果肯定的语言多过批评、指责与谩骂,成员之间自然是融洽且充满凝聚力的,反之亦然。

    正向心理学家玛西亚尔·洛萨达博士(Dr. Marcial Losada)针对人际关系做了许多深入的研究。他发现,若想在私人的互动关系中发展出稳固与亲密的关系联结,那么这段关系中正向语言与反向语言出现的比例,至少要达到5:1以上;而在一般公司、组织或团体中,则至少要达到3:1的比例。

    也就是说,在一般的人际关系中,不论是家人、同侪、伴侣还是亲子间,一句批评、指责、谩骂或贬抑的话语,就足以抵消五句赞赏、认同、肯定、接纳与支持的话语所带来的益处。

    我们每天所处的各种关系——特别是夫妻关系或亲子关系,若时常处在剑拔弩张的紧张或冲突气氛之下,关系好坏可想而知。

    从小生长在批评与指责多过肯定与赞美的环境中的孩子,长大后在经营亲密关系或亲子关系时自然也说不出什么好话。正向语言，人人都知道，却不知道什么时候该说或该说些什么。

肯定与赞美必须基于事实

想给出肯定或赞美，最高指导原则是：内容必须基于事实。空泛的肯定只流于形式，为肯定而肯定，会让人感觉到虚伪、不真诚。

比如说，一个人上台做报告时明显准备不足、词不达意，下台后你却对他说："我觉得你报告做得真好！"这不是睁眼说瞎话吗？同理，对孩子给出言过其实的赞赏，很容易让孩子产生虚幻的正向自我观感。

然而，要从哪里找到基于事实的肯定素材呢？

首先，你得戴上一副正向的"眼镜"，如此才能看到他人身上美丽的一面。这并不容易，特别是对那些早就习惯找缺点、翻旧账又爱吹毛求疵的人而言。

曾经有一位家长来找我谈孩子的状况，我让他讲出孩子身上的三个优点，即使很小的也可以。这位家长抓着头发苦思了半刻，无法说出任何一个优点。显然，从他的眼中看到的孩子，毫无长处可言。在这样的家庭待久了，孩子自然会觉得自己一无是处。

找到值得肯定之处的三个切入点

1. 肯定行为的结果，也肯定行为的过程。

一般人只会注意到人们行为所带来的结果，却忽略了行为过程中曾经付出的努力、坚持、毅力、勇敢尝试、采取的不同方法、期间的迂回以及曾有的小小成就……这些都是值得被看见，也是值得被赞扬的。

例如，面对孩子的课业表现，不光要赞美孩子成绩进步了、考满分了、获得前几名这些属于结果的表现；我们也可以去肯定孩子在学习过程中"没有放弃""愿意付出努力""愿意坚持下去""一直很有决心""总是再接再厉""曾经进步过""使用了读书方法"……毕竟，孩子不可能次次都考满分。

2. 不只肯定行为本身，也肯定行为背后的意图。

正向的沟通需要预设一个前提：孩子的行为，无论好坏，都出于正向的意图，不是为了帮助我们更好，就是为了保护我们免受伤害——通常跟我们的心理需求相关联。

例如：

◎ 总是黏人、爱撒娇，可能是亟须获得情感联结以及关系中的安全感。

◎ 说话口气不佳，甚至常情绪失控，可能是正在"很用力"地让别人知道自己的感觉与想法，彰显自己的独立性。

◎ 袒护同伴、欺瞒师长，可能是希望获得同侪的认同与归属感。

◎ 总是晚睡，可能是想多争取一些可以自主支配的时间。

◎ 沉默寡言、不太喜欢与人互动，可能是希望有多一些独处的时间。

3. 赋予行为新的意义或价值，找到它们的正向功能。

有些行为或特质看起来不怎么样，或者不太被主流价值观所接受，但换个时空情境，常有着不可思议的价值，而我们是否有这种眼光辨识出来呢？

例如：

◎ 活泼、好动，总是静不下来，代表他精力充沛、活力十足、身体健康。

◎ 懒散随性、不拘小节，显示他生性乐观、少有烦恼、自在欢喜。

◎ 好胜逞强、爱辩不服输，显示他充满企图心，善于表达自我，有领导人物的风范。

◎ 天马行空、胡思乱想、不切实际，代表他想象力丰富，具有创造、发明或改变世界规则的潜能。

◎ 生性固执、难以接受他人的说法，显示他深富主见、坚持己意、具有魄力，不会人云亦云。

值得一提的是，不论是肯定行为的过程、肯定行为背后的意图、赋予行为新的意义或价值，都不代表我们就要认同行为本身。如果行为本身会危害到自己或他人，或在世俗道德上不被接受，那就应该诚恳且委婉地指出来。

找出他人身上值得肯定的地方，可以帮助他提升自我价值感，认可自己的重要性。当你掌握了上述三项对他人传达正向肯定的切入点时，你便会发现，肯定或赞美其实可以做得很细致，除了让人感受到喜悦，还能使人获得一种被深刻理解的感觉。

拉高肯定的层次带给对方更多力量

除此之外，我们还可以逐步拉高肯定的层次。

一般层次的肯定，是举出对方表现良好的具体行为，这能让人知道"我做的是对的"；较高层次的肯定，是指出对方行为背后的意图、态度或精神，这能让人知道"我有能力（有可能）做得到"而获得希望；更高层次的肯定，则是指出行为本身具有的意义与价值，这会让人知道"我这么做是有意义的，我愿意继续尝试下去"，这往往能带给对方最多的力量。

于是，我们可以接着好奇地探问对方："我看到你有那么多不凡之处，你是怎么做到的？""你打算把这么好的部分用在哪些地方呢？""当你看到自己有这些很棒的部分时，对你而言有什么意义？"

原来，除了"那很好啊"，还有这么丰富的给予肯定的表达方式！从现在开始，请持续带着正向的观点尝试肯定，你需要的是练习、练习、再练习！

刻意练习，不断练习！

∞ 给家长的话

想给出肯定或赞美，最高指导原则是：内容必须基于事实。空泛的肯定只流于形式，为肯定而肯定，会让人感觉到虚伪、不真诚。你需要先戴上一副正向的"眼镜"，如此才能看到他人身上美丽的一面。

别让肯定破了功——停止翻旧账

有一次，我到朋友家做客。朋友的太太忙进忙出，又是端水果，又是拿点心。看着满桌的餐点，我不好意思地直说"够了，够了，别再忙了"。朋友也对太太说："是呀！今天忙了一早上，快坐下来一起聊天吧！"

"哇！你今天好体贴哟！这样我再忙都值得了。"朋友的太太回以开心的笑容，似乎很欣慰自己的辛苦能被看见。朋友的嘴角也跟着上扬，脸上仿佛写着"那当然"三个字。

朋友的太太坐下来，继续说："我老公呀，要是每天都像今天这么体贴就好啦！之前好几次我已经累得半死了，他不帮忙就算了，还在一旁嫌东嫌西。真是气死人了！还有一次，他的父母来访，我简直忙翻了。二老回去之后，我却被他嫌准备得不够！"她似乎还想继续说下去，但朋友的脸已经垮了下来，他收起得意的笑容，摆起臭脸。

发生了什么事？

包装在肯定之下的数落

有一位母亲问我，为什么在家里针对孩子表现合宜的地方表达肯定时，孩子反而脸更臭，更听不进去？

她的孩子有点"拖延症"，常常拖到很晚才写作业，做事情也要别人三催四请。父母软硬兼施，好说歹说，就是难以帮助孩子改掉这个陋习。

我告诉她，如果一直告诉孩子哪里做得不好、需要改进，只会不断聚焦在孩子难堪的地方。如果这么做有效果，那么孩子的问题早就不是问题了。与其如此，不如仔细观察孩子的日常行为，试着在孩子"没拖延"或者"准时完成任务"时予以肯定。

母亲连忙说："有呀！我一直都肯定他。如果他准时完成功课，我一定会赞美他。"

"你是怎么肯定他的呢？我的意思是，话是怎么说的？"我有些好奇。

"我就说：'你看，你明明可以准时完成、不拖延的，这样不是很好吗？像你之前写作业都要人家一直催，总是拖到三更半夜、火烧屁股才去做，那样对你有好处吗？说了多少次了，可是你都不听呀……'"

母亲似乎还要说下去，我连忙打断。我说："第一句确实是在肯定他，这部分做得很好。不过，后面的那些话全都是多余的了。"

母亲露出惊讶的神情。

我接着说："提到他之前没做好的部分时，就是开始翻旧账了！没有人喜欢被数落，特别是过去不被认可的事情被反复拿出来重提，肯定会翻脸的。

"要是这种状况发生在外人面前，也就是当着亲戚朋友的面翻孩子旧账，那么非但孩子的问题行为不会改，他还会跟你生气呢！"

母亲拼命点头："啊！原来如此。我的确常常这样……"

该说的说了，不该说的也说了

我时常提到"正向响应"的沟通技巧，我认为，正向响应是促使一个人行为改变的有效途径。因为，与其不断数落他人反复出现的那些恼人的问题行为（负向聚焦），不如赞美那些曾经出现过的合宜行为（正向聚焦）。响应的焦点可以放在对方"做得到""做到"的地方，或者肯定他人行为表现过程中的努力与坚持……总之，多给予他人肯定与赞美，准没错！

许多家长学习这套响应技巧后，掌握了基本概念，回到家实际操作时却会卡壳。其中一个共通的问题就是"说了该说的话，却也说了不该说的话"。

有效的正向响应，只是纯粹肯定就好，不需要加上任何数落、批判或说教。否则，那只不过是把我们的不满或怨怼包装在看似赞美的糖衣底下，外观可口，却令人难以下咽。

如果朋友的太太在看到她先生表现出体贴的一面时，就只是开心地说"老公，谢谢你的体贴，我很喜欢你这么做"（肉麻一点就加上"我感觉到你满满的爱"之类的话），我相信，朋友出现体贴举动的频率，肯定会慢慢增加。

如果那位母亲在孩子不拖延时就只是告诉孩子"我看见你今天能准时完成作业，这样真的很棒！妈妈很喜欢你这样的表现哟"（顶多再加一句"我相信你之后也做得到"之类正向期待的话语），我相信，孩子不但不会心生反感，还会努力尝试做到不拖延。

总是肯定后再翻旧账吗

要做到不翻旧账的纯粹肯定，确实不容易呀！我们总是会在赞美对方时，又顺便把旧账拿出来说一说，特别是对孩子、对另一半，以及对家中的长辈时。

"我们家小宝今天准时起床啦！不像之前，每次都要妈妈叫很久，叫到妈妈都没耐性了。像这样不是很好吗？就不会逼得妈妈要拿出棍子来了！"

"老公，你今天主动发现我穿了件新衣服！被人关注的感觉真好呢！不像之前，我哪里有变化，你都发现不了。像上次，我明明染了头发，特别明显，你竟然当作什么也没发生……"

"爸，我看到你今天和妈一起出门去运动，这样很健康！之前每到假日，你就一直宅在家里看电视，动也不动，邀你去散个步就像要你的命一样……"

这种表达模式——先肯定，再翻旧账——是不是时常发生在日常生活中？这样的话语一出，接下来不是针锋相对，就是不欢而散。

刻意练习，踩住想抱怨的刹车

在赞美与肯定之后顺便翻起旧账，可能只不过想要趁机向对方抱怨与吐苦水而已，想要把长期以来积累的不满趁这个时候名正言顺地倒回对方身上，让对方知道我们是多么用心良苦。因为我们的努力也想被对方看见呀！

我们天真地以为，先给颗糖吃，再赏个巴掌，对方就不会很痛。事实上对方依然很痛，甚至会怀疑你给糖的意图。

我们必须认真厘清一个问题，就是："当我翻起旧账，数落对方过去的不是时，究竟是希望有助于对方问题行为的改善，还是只想让自己的感觉好一点而已？"

要破解这个惯性的表达模式，只能刻意练习——有意识地练习"踩刹车"。肯定的话说出口后，立刻踩下刹车，停一下，在心里想一想："接下来的话我还要不要继续说出来，尤其是那些翻旧账的内容？"接着你就会知道怎么做比较好了。

别因为翻旧账而让你给出的肯定"破了功"！

☞ 给家长的话

有效的正向响应，只是纯粹肯定就好，不需要加上任何数落、批判或说教。

我们需要有意识地练习"踩刹车"。肯定的话说出口后，立刻踩下刹车，停一下，在心里想一想："接下来的话我还要不要继续说出来，尤其是那些翻旧账的内容？"

那个"总是"在说谎的孩子

　　我到小学进行亲子讲座的分享时，父母和孩子会一起在场聆听。讲座结束后，照惯例，许多家长排队前来问问题。

　　一位妈妈带着三个孩子，等了好久终于轮到了。她小声地说："我们家老二一直有习惯性说谎的问题，怎么纠正都没有用。很奇怪的是，关于生活中很小的事情他都要说谎。像是放在桌上的东西不见了，我们问：'是谁拿走了？'他立刻说：'不是我！'但一追查，就是他拿的。最近学校老师也发现了这个现象，要我们多留意。我跟他爸爸都感到很困扰。"

　　"孩子现在多大？男生还是女生？"我问。

　　妈妈回头指着坐在前排座椅上的三个孩子："就是中间那个男生，现在上小学二年级。"小男孩刚好夹在姐姐和妹妹中间。

　　我问这位妈妈："你们问过他为什么说谎吗？"

　　"他说怕被我们骂。可是我们也跟他说，如果他诚实一点，我们当然不会骂他；会骂他就是因为他不诚实。老师，我们该怎么办？"

不是一直在说谎吧？

我问她是否愿意让我跟孩子谈谈，这位妈妈叫来了男孩。我简单地自我介绍和寒暄几句之后，直接问："你妈妈告诉我，你常常会说谎，很小的事情也会。是这样子的吗？"

"嗯！"男孩点点头，眼神中流露出些许紧张。

"我看到你点点头，你刚刚没有说谎，对不对？"

男孩再度点点头："嗯！没有。"

"谢谢你愿意告诉我。所以，你不是一直在说谎吧？也就是说，很多时候你是诚实的，就像刚刚。是吗？"

我会这么问，是试图把话题聚焦到正向的方面。这孩子已经因为说谎而被指责得够多了，我不需要复制那些语言。因为行为不会无时无刻都保持不变，一个再会说谎的人，也不会时时刻刻都说谎，十句话里头也可能有几句是真实的，所以，我特别强调"很多时候你是诚实的"。

男孩眼睛亮了起来，这次点头更用力了！

通过具体事例深入讨论

"你可不可以告诉我，是什么让你愿意说实话、不说谎呢？"我带着好奇，将提问继续聚焦在正向之处。

"不知道。"男孩睁大眼看着我。显然这个问题对他而言有点难。

我说："谢谢你愿意诚实地告诉我你的想法。"我接着问："在什么时候你会实话实说，不说谎？"

与孩子对话时，可以通过一个具体的事件来进行讨论，这样会更加专注。孩子想了想："上音乐课时，我忘记带笛子。音乐老师问谁没带，我很诚实地举手了。"

行为的背后总有正向意图

"哇！真是不容易！"我立刻给予肯定，基于事实的肯定才会有效果。我接着问："当时，你是怎么做到没有隐瞒，愿意承认你没带笛子的呢？"

"因为音乐老师不会骂人呀！"孩子的声音中有了些精神。

许多大人听到这里，大概就会板起脸孔："所以，如果是会骂人的老师，你就要说谎了？怎么可以专挑软柿子吃呢？"

我停了一下，接着说："原来，你有的时候没有说实话，是因为担心被骂，是吗？"这句提问背后的理论是"所有行为都有正向意图"，很多所谓的问题行为其实是为了自我保护，这个孩子正是如此。问题行为虽然需要改正，但正向意图需要先被识别并肯定。

孩子点点头。

我再次确认："所以，你不是故意说谎的，而是为了保护自己不被骂。是吗？"

孩子再次点点头："嗯！"

孩子说谎是因为有着深深的期待

"那么，什么时候你容易被骂呢？"

"在家里。"

"哦？发生了什么事？"我想问出一些具体的事件。

"爸爸妈妈很爱骂我，什么事都可以骂我，姐姐和妹妹却不会挨骂。姐姐和妹妹也会做错，为什么不会被骂，就只有我会？"男孩顺道举了最近发生在家里的几个例子，越说越激动。

一旁的妈妈连忙想澄清，被我制止了。我继续说："我明白了，你好像有些委屈，是吗？"我接着将响应聚焦在孩子的情绪感受上。孩子需要有机会辨识与表达自己的情绪感受，并获得他人的理解。

男孩点点头。我接着说："除了委屈，还有其他感觉吗？"

"就……很生气！"男孩这句话说得用力，又说，"反正我做什么、说什么都会被骂，有时候我很诚实也会被骂，那么干脆就不承认好了。"

原来，这男孩夹在两个姐妹中间，她们的表现往往比男孩杰出，让他动辄得咎。做错事会被骂，否定自己做错事（即说谎）也会被骂。因此，他会在一些不需要说谎的小事上否定自己做过的事情，为的就是不要再被指责。可见，他是多么渴望被肯定。

"其实，你很希望爸爸妈妈可以称赞你，而且，你不想总是被姐姐或妹妹比下去，对不对？"我试着帮他把内心的期待说出来，因为，长期以来他都是手足之间经常被否定或忽略的孩子。

"我知道你不是故意要……"

我与孩子的谈话到此为止。整个过程中没有分析，没有说理，也没有要求孩子改正，因为我相信孩子知道什么是对的、什么是错的。我只是想尽量贴近孩子的内在，并聚焦在正向之处。同时我也正在给一旁的妈妈示范如何与孩子互动。

我转身对孩子的妈妈说："你听到孩子怎么说了吧？"

她点点头。我问："那么，你知道怎么做，孩子才会慢慢改掉说谎的习惯吗？"

"嗯……是多称赞他吗？"

我点点头："没错。简单而言，就是在他没说谎时肯定他的诚实。"

"那么，又说谎的时候怎么办？"

"告诉他：'我知道你不是故意要说谎的，你是担心被骂才会这样做。爸爸妈妈已经在努力学习多看到你的优点、多称赞你了，请给我们一点时间，我们一起努力。好吗？'"

"我知道你不是故意要……"这句话是有魔力的，能够指出孩子问题行为背后的正向意图。当一个人的问题行为背后的功能、价值或意义被看见，并被充分认可时，问题行为才有改善的可能。而孩子因为被充分理解，便有了继续讨论下去的可能性。

∞ 给家长的话

"我知道你不是故意要……"这句话是有魔力的，能够指出孩子问题行为背后的正向意图。当一个人的问题行为背后的功能、价值或意义被看见，并被充分认可时，问题行为才有改善的可能。而孩子因为被充分理解，便有了继续讨论下去的可能性。

嘴里好争胜的孩子，究竟有什么事

我曾和一位被介绍到我这儿来的孩子谈话。这孩子很特别，谈话开始没几分钟，他便开始上下打量我："老师，你穿的鞋子是什么牌子的？"

"你看到了，是N牌的。"

"我也有好几双N牌的鞋子，还有明星球员限定款。"

我点点头表示知道了。

"老师，你开什么车过来的？"

"我骑摩托车。"

"什么？你怎么不开车？我妈说，等我十八岁时，要帮我买一部B牌的车。"

看得出来，这孩子脸上露出一丝得意的神情。我心里不是滋味："难怪他会被介绍过来谈话。"

导师告诉我，这孩子在班上的人缘不好。同学们一开始只是不喜欢与他来往，到后来便群起嬉闹，用言语揶揄或攻击他。

他常会在与同学的言谈间，设法显示自己比别人厉害，或者在嘴上占别人便宜——有时候是炫耀自己的好，有时候则是攻击别人的不足。虽然这样做还不到言语辱骂的程度，但总让身旁的人感觉到不舒服，对他敬而远之。

他真的这么有本事吗？其实也没有，他只是爱吹牛、好面子，又不服输。这一切很快就被同学看破，并把他当成奚落的对象。

炫耀背后的自卑心态

这样的孩子通常是自我价值感低，亟须被看见与被肯定，因为害怕被瞧不起，所以拼命显示自己优越的一面。但当他试图展现自己不符现实的"丰功伟业"时，却引来更多的不满。最后大家干脆把他讲的话当耳边风，甚至无视他的存在。这反而让他必须通过更极端的方式来证明自己——不是冷嘲热讽，就是不留情面地直揭他人疮疤。

"老师，你为什么要当老师？"这孩子问我。

"因为，我喜欢帮助他人解决困难……"我回答。

"当老师很好吗？一个月赚多少钱？"

我还没来得及回答，他便接着说："你怎么不去当教授或是医生？我以后一定不会当老师！"

"那么，以后你想做什么？"我问。

"我要当总裁。"这孩子神气地说。

尽管感到不舒服，但我仍尽量保持情绪稳定，平静地接招。因为我知道，如果我忽略他所说的话，他只会用更激烈的方式试图抓住我的目光，直到我因为受不了而抓狂；如果我不满地指责或纠正他，那就只是在复制他生活中人际关系的互动模式，对他并没有帮助；但若我过度认同他或赞美他所说的，似乎又会增强他总是"言词争胜"的行为。

因此，我需要让他在感受到被肯定，强化自我价值感的同时，也能意识到可以不通过"处处争赢"的方式来获得别人尊重的眼光。

人际关系的问题，得回到人际关系中解决

有一次会谈时，他带了罐饮料进来。我告诉他，会谈室里不可以喝饮料。他连忙说："不是我要喝的，是要请你的。"或许，他是想通过这个举动显示他出手阔绰。

我笑了笑，说："谢谢你的好意。"并问："是什么原因让你想带瓶饮料给我呢？"

"你每天要讲不少话吧？我想，你应该很口渴，所以请你喝。不用跟我客气啦！"

"哇！你很体贴呢！会注意到别人的需要。"我停顿了一下，见他脸上露出腼腆的笑容，接着问，"平常你也会这样注意到别

人的需要，甚至出手帮助别人吗？”

“有呀！”他滔滔不绝地说起他那些如童子军般日行一善的功绩。我知道他一定会说“有”，而且迫不及待地秀出一件件“丰功伟业”，不论其是否真实。

我接着问：“那么，当你这么体贴，主动帮忙时，别人有什么反应？”

“他们都很开心呀！”

“嗯！所以，你有能力让别人感到开心呢！”

听到我的称赞，他笑得眼睛眯了起来。接着，我用低沉的语调，放慢速度，加重语气，一字一字地说：“我觉得，能够为别人带来开心的人，是相当值得敬佩的！”

放慢语速，是为了让话语更有力量，更加深入人心。

“就像你，今天能够想到我的需要，顺道带罐饮料给我，让我感到很温暖。谢谢你！”我正在通过这次机会，设法强化他在人际互动时的合宜行为。

之后，在与他的每一次会谈中，我都会设法观察并找到一些他在人际互动中展现出的对人体贴、关怀或主动协助的一面，设法肯定一番，同时直接表达我内心的感觉：“我很喜欢你这么做！”

这句话对他而言相当重要，他必须通过与人互动的真实体验，去观察与体会自己的哪些言行能受到他人欢迎与喜爱。他人所表达的情感回馈，将会让他学习到更多人际互动中的合宜行为。

嘴里好争胜虽然在人际关系里通常不受欢迎，但背后有着想被关注、被肯定甚至被重视的需求——每个人都是如此。

对于好面子、爱争胜的孩子，我不太需要去指正他们做了哪些不好的事情——点到为止就好，否则，他们会为了保有自己的颜面否认到底，最后肯定谈不下去。他们或许也知道这样做会带来反面效果，但过去偶然的有效经验或者从成长环境中"重要他人"身上学习而来的替代经验，都会限制他们在人际关系中的行为选择——只剩下"争赢他人"这个选项。

人际关系的问题，得回到人际关系中去解决。而大人与孩子建立起的稳定关系，正在为孩子营造出另一个人际互动的场域——在安全且不受批判的氛围下，重新感受与学习人际间的相处之道。

一段时间后，某个中午，我在校园里偶然见到这孩子与几位同学一起抬餐盒，有说有笑，看起来相处得不错。

改变真的没有那么容易，但我知道，这孩子正在努力进步中！

⌒ 给家长的话

嘴里好争胜的孩子，有着强烈想被关注、被肯定甚至被重视的需求——每个人都是如此。大人需要设法观察并找到一些他在人际互动中展现出的对人体贴、关怀或主动协助的一面，设法肯定一番，同时直接表达内心的感觉："我很喜欢你这么做！"

一句话，治愈孩子的"摆烂思考病"

当你与孩子对话时，他常会回你"不知道"吗？

许多父母都抱怨，好好问孩子一些事情，孩子却总用一句"不知道"带过。我也常听闻为师者的痛苦心声：课前精心准备课程与教学内容，期待与学生能有良好的互动，但每当向同学提问时，台下总是鸦雀无声；若指定某位学生回答，孩子便吐出三个字："不知道！"

用"不知道"一语带过师长的提问，似乎是现代青少年的常态。有时候，真让人摸不着头绪：孩子们究竟是没想法、不知道答案，还是根本不愿意思考，所以出现消极的思考态度——近乎"摆烂"。为方便说明，我把举凡对思考与回答问题时展现出来的消极态度统称为"摆烂思考病"。

除了"不知道"，常见的回应还有"还好""没差""都可以"……

说"不知道"的保护功能

要治疗孩子的"摆烂思考病"，免不了要对这个现象深入探究一番。回到那句老话，所有的行为都是有功能的，不是用来帮助自己提升，就是保护自己免受伤害。

想一想，如果在一个公开场合，例如演讲或会议上，里头最有权势的人（通常是拿着麦克风的人）突然问你一个问题或邀请你发表意见，而你的脑中一片空白，同时，你发现自己手心冒汗、呼吸急促、肌肉紧绷，你试图张开嘴，却一个音也发不出来。我相信，你也会将"不知道"三个字脱口而出吧！

因为，说出"不知道"虽然等于什么都没回答，但至少说了三个字，可以交差了。如果对方就此不再继续追问，那你就可以借此脱离险境。

所以，"不知道"这三个字确实具有保护功能，能让你免于继续处在尴尬与煎熬的状态中。对青少年孩子而言，更是如此。

如果说了会被骂，不如不说

青少年孩子很聪明，当他们知道回答大人的话很可能会受到批判时，他们就学会"少说比多说好，不说比说好"。但如果被要求不得不说时，"不知道"就成了让师长恼怒也没辙的防御武器。

被批判？没错！大人总是很爱批评孩子的意见。于是，许多孩子便从一个原本好思考、爱发问、愿意尝试回答问题的孩子成了将"沉默是金"奉为圭臬的信徒。于是，不轻易在课堂上对师长发表自己的"高见"，成了孩子们的默契。

因为说了会被骂，没说也会被骂，那么干脆说"不知道"好了，这样一来，也就不需要去思考大人的任何提问了。时间久了，这样的孩子在大人眼里便成了思考态度消极、难以沟通的"异星球动物"。

其实，孩子只是陷入了"认为说了一定会被批判→焦虑，不敢说→被骂得更凶→更焦虑，更不敢说→放弃思考→说'不知道'带过"的循环机制。

如果你知道的话，那会是什么

幸好，"摆烂思考病"是有救的，关键在于大人的态度。你得表现出好奇、开放与绝对尊重的态度，让孩子知道，你很想听到他们的想法，而且说错话也没关系，绝对不会受到批评。

光有这样的态度还不够，还得能问出好问题。

在我的实际经验中，每当孩子说出"不知道"，我是不会就此放过的，会接着问："如果你知道的话，那会是什么？"

这是一句神奇的话语，当我这么问时，通常孩子们都会多少说点什么。如果我想鼓励孩子说得更多，就会接着问"还有吗"以及"如果你知道的话，那还会想到什么呢"。我正在暗示，他们能够思考，对我的问题已经拥有答案，而且能够表达出来。

这样带有假设性质的问句之所以能够促使孩子多思考一下、多表达一点，是因为对孩子而言比较不具"威胁性"，同时传达出一份"我相信你一定想得到"的期待，从而动摇了那些原本放弃思考或懒得思考的孩子的内在信念："因为我想不到大人要的好答案，所以说什么都是错的。"

治愈"摆烂思考病"，大人的态度是关键

在谈话中，我常问来访者："你有什么感觉？"他们常回答"不知道"或"没有感觉"。我会接着问："如果你有感觉的话，那会是什么？"

在我带领的工作室中，常会邀请学员做活动，比如画画。学员常说："我不会做！"或"我不知道要画什么"。我会接着问："如果你知道要画什么的话，你会画些什么？"

在授课过程中，我常会请学员分享自己的想法或见解。学员常说："我不知道要说什么。"我会接着问："如果你知道要说什么的话，那会是什么？"

我也曾遇到过有学员举手想问问题，但他站起来时停顿了好一会儿，尴尬地说："我忘记要问什么了。"

我会接着问："如果你知道要问什么的话，那会是什么？"

说来也奇怪，这句话一出，通常对方就能开口说话、分享意见或者着手参加活动了。

当然，这句话虽然有一定的魔力，但关键还是在于师长的态度。若你能表现出好奇、诚恳与开放的态度，孩子通常能感受到，因此也愿意多说一点。

如果孩子愿意说一点了，你还能继续保持尊重，甚至肯定他所说的："我听到你说了……谢谢你愿意告诉我！"孩子便会学到，在大人面前说话是不会被责骂的，未来就更可能积极表达，当然也会启动思考。

∽ 给家长的话

"如果你知道的话，那会是什么？"这样带有假设性质的问句之所以能够促使孩子多思考一下、多表达一点，是因为对孩子而言比较不具"威胁性"，同时传达出一份"我相信你一定想得到"的期待，从而动摇那些原本放弃思考或懒得思考的孩子的内在信念。

Part 4

在关系中培养应对挫败的本事

　　没有一个大人希望看到孩子受伤害。然而，经历挫败在所难免，跌跌撞撞也是人生路上的必然。与其做足保护，不如让孩子在挫败中学习。那些能够关关难过关关过、有坚强韧性的孩子，往往与父母之间有着温暖坚实的情感联结。父母要做的，就是稳定陪伴，予以适当引导，让孩子感受到肯定与支持。成长中的挫败将会是一份礼物。

网络世界很危险?
孩子说:"外面的世界更可怕!"

有一次,在前往一所学校演讲的路上,我与来车站接送我的辅导老师闲聊。辅导老师告诉我,一些家长总跟他提起孩子整天泡在网上,手机片刻不离手,他们对此感到很困扰。

讨论到最后,家长总会拜托老师:"老师,你可不可以告诉他,不要再沉迷网络了,好歹节制一点!"接着,家长双手一摊地说:"我们当爸妈的说什么都没有用,老师说的他或许会听进去。"

当然,这是不可能的事!

出现这种情况有两种可能性:

第一,家长在孩子心中已经失去影响力。直白地说,父母与孩子的关系联结断裂了,因此彼此无法有效地沟通。不管家长怎么说,不管是来硬的还是来软的,孩子就是不愿意听从。

第二,家长不愿意当坏人。因为不想破坏亲子关系,或避免出现亲子冲突的火爆场面,于是要别人帮忙规范自己的孩子。也就是说，父母与孩子之间的关系建立在表面和谐但实际脆弱不堪的基础上。

不管是哪一种，都说明亲子之间的联结出了问题。

成瘾行为与关系联结

2015年，英国知名杂志编辑约翰·哈里（Johann Hari）在TED上的演讲《你对成瘾行为的所有认知都是错的》，颠覆性地宣告成瘾行为主要源自生活中缺乏健康、有意义的人际联结。人们在关系断裂后开始与烟、酒、毒品等成瘾物质产生联结，终至无法自拔。

这个观点一提出便广受瞩目，社会大众开始正视成瘾行为与人际关系之间的关联。然而，在此必须提醒大家的是，成瘾行为背后的成因错综复杂，不只是因为缺乏关系联结而已，但是关系联结是很重要的影响因素之一。

回到沉迷网络这件事上，不论孩子沉迷的是网络游戏、社群交友、色情网站、购物拍卖、信息下载……如果到了难以自我控制的地步，通常说明孩子可能在现实生活中遇到了无法应对的困境。

沉迷网络是孩子用来应对生活困境的办法

人们在遇到困境时，会很自然地想要解决问题；若问题大到自己难以招架，便转而去解决问题所带来的痛苦。然而，应对痛苦的方式若不妥，往往会造成更多的困扰。

同样，当孩子在生活中遇到困难时，若无法有效地解决，他们也会努力寻求从困难所带来的痛苦中解脱的方法——通常，网络世界就扮演了这样的角色。在各种形态的网络活动中，孩子可以暂时忘却现实世界的烦恼，包括课业成绩不理想，被同学疏远，与父母的关系紧张，被身旁的人讨厌、轻视，亲密情感上的失落，甚至莫名的压力或情绪困扰……

同时，网络世界里的活动又能充分满足孩子现阶段的基本需求，包括成就感、归属感、支配感、独立自主以及对自我身心的可控制性等。这些需求通常与现实生活中正面临的困境有关，或者说与困境出现使得某些需求无法再获得满足相关。

于是，一个在现实生活中"孤单、寂寞、冷"的孩子，一旦进入网络世界，就会发现这真是个"世外桃源"——在这里既能感到温暖，又会备受重视，同时还很有成就感，当然登录后就不想注销了。长时间投入其中，随之而来的是父母、师长的教训，以及同侪关系的疏离，这样就加重了现实世界中那些"孤单、寂寞、冷"的痛苦，孩子当然更渴望待在网络中而不愿意出来了。

明知道这样不对，再继续下去也不是办法，却无法让自己从网络世界中跳脱出来，久而久之便成瘾了，戒不掉了！

遇到这种情况，师长常常大叹："网络世界真是危险，害人不浅呀！"无助的孩子却说："外面的世界才可怕呢！"

断网后受伤的孩子还剩下什么

如果你是父母、师长，眼看着孩子就这样沉沦，你会怎么做？许多人想到的都是限制网络使用时间或者直接断网的管制手段——既然纪律涣散，当然要勤教严管呀！

问题是，你断了网络——孩子一直用来应对现实困难的方法，他还剩下什么？没有了！原来在网络世界中能获得的成就感或归属感都被一并拔除了，现实生活中的困难却依旧存在。此刻，孩子除了慌乱无措，更多的是挫折与愤怒！

这样一来，新仇加上旧恨，层层积累的情绪无处释放，孩子势必要找到一个跟网络世界一样能有效应对痛苦的途径，于是逐步踏上了离家、辍学、酗酒甚至犯罪等不归路，又或者走向退缩、郁闷、自暴自弃甚至自我伤害的境地。

这么看来，网络世界纵使有其巨大的吸引力与潜在的危险，但比起酗酒、吸毒、犯罪或自我伤害，大概沉迷网络世界是所有令人担忧的问题行为中最轻微的一项吧！

一旦我们将网络看成罪恶的深渊群起挞伐时，就再也看不见孩子遭遇的困境，甚至把那些受伤的孩子推向万劫不复的地狱边缘。

如果我们将网络沉迷看作了解孩子所遭遇问题的途径或指标，我们便会知道，真正该给予关注的，不是过度使用网络这一行为本身，而是孩子遭遇的困境，以及他们长期未受满足的心理需求。

每个人都期待拥有更美好的明天，谁会自甘堕落？现实中的那些困境若没被有效地协助摆脱，栽进网络世界可能就是孩子心中"更美好的明天"。

耐心等待，与孩子重启联结吧

那么，当孩子沉迷网络到了难以自我控制时，该怎么办呢？

家长面临的困境是，家长也想帮助孩子解决他现实生活中的困难，但孩子的心思全在网络上，彼此难以沟通，怎么办？不难理解，亲子之间的联结断了线，不论家长说什么、说得多大声，孩子都听不见。而且家长说多了，孩子还会暴躁易怒，严重时甚至会有肢体反抗。

冰冻三尺，非一日之寒，只能请你做好长期抗战的心理准备了！耐心点，你得与孩子慢慢磨。你的目标很明确，就是"重新与孩子连上线"，一点一滴地修复已然有隔阂或变得冰冷的亲子关系。

孩子再怎么沉迷网络，也不会一天二十四小时都挂在上面。当他离开网络回到现实生活中时，请把握机会，与孩子进行有质量的谈话。只要你能与孩子有质量地对谈十分钟，孩子就会少置身网络世界十分钟。若你能逐渐与孩子讨论到他遭逢的困境，让他感受到理解与支持，甚至让他能在你这里体验到归属感或成就感，满足他一直感到匮乏的心理需求，慢慢地，他会发现，原来外面的世界并不总是令他孤单、寂寞、冷，也有温暖的时刻。

帮助孩子不再沉迷网络，是个漫长又辛苦的过程，但只要方向正确，终究会看到曙光的。

✑ 给家长的话

如果我们将网络沉迷看作了解孩子遭遇问题的途径或指标，我们便会知道，真正该给予协助的，不是过度使用网络这一行为本身，而是孩子遭遇的困境，以及他们长期未被满足的心理需求。

人生难免遭遇挫败，
如何帮助孩子转化负面经验

文文是个小学二年级的孩子，去年暑假，母亲帮他报名参加游泳班。第一次上课之后，文文回家向母亲抱怨："妈妈，游泳班的教练好凶，有话不好好说，动不动就骂人，你能请他温柔一点吗？"

母亲安慰他，要他第二天再去试试看。第二天，文文从游泳班回来后放声大哭："妈妈，我不要去学游泳了！游泳教练好凶、好凶，我不喜欢！"

隔天母亲与文文一同去游泳班，并在旁边观看。果然，教练的嗓门很大，动不动就骂人，孩子们个个都绷紧神经。下课后，文文的母亲前去找教练沟通，请他对小朋友说话温和些，教练表示会调整。

文文虽然吵着不要再去学游泳，但在母亲的劝说之下，还是硬着头皮把五堂课上完了，也学会了换气。

但是，从那次之后，不管母亲帮文文安排什么才艺活动，文文都一口拒绝。文文认定母亲帮他报名的任何课程都不好玩。

母亲希望文文多去接触不同的才艺活动以自我探索、培养兴趣，但文文不愿意踏出家门参加任何课程或活动。文文的母亲伤透脑筋，该怎么办才好呢？

逃不掉的人生苦痛，只能勇敢面对

这是一位苦恼的母亲私下与我讨论的问题。很显然，孩子在暑假的游泳课中经历了不舒服的体验，同时将种种负面情绪与母亲联系在一起，认为自己参加游泳课会那么痛苦都是母亲害的，于是拒绝母亲后续的其他安排。

每个人在成长的过程中难免会遇到一些挫败、惊恐或不愉快的经验，若无法有效转化，就常会在未来遇到类似情境时采取逃避的方式，这是一种自我保护机制。尽管大人可以帮助孩子，尽量将孩子成长过程中大大小小可能造成负面经验的元素移开，但人生的挑战一重又一重，即使现在没有遭遇到，未来还是可能会面对。与其让孩子在温室中长大，不如让孩子顺其自然地经历一些痛苦，并学习在痛苦中成长。

当孩子经历了一次负面经验，例如考试挫败、输掉比赛、遭到背叛、受到不公平对待……父母、师长该如何帮助孩子转化经验，一方面让痛苦的情绪获得安慰，另一方面让其从事件中学习、成长并提升？

　　我的经验是，从"同理心"与"正向聚焦"两个层面出发，进行响应与探问。

运用"同理心"引导孩子关注自身的情绪状态

　　在上述例子中，我会建议文文的母亲找个时间与孩子认真地讨论之前游泳课的负面经验。首先，聚焦于孩子的内在感受，包括对游泳教练、学习游泳本身，以及对母亲的感受。可能的对话如下：

　　母亲："妈妈要你去学游泳，文文很生气吗？"

　　文文："都是妈妈不好，害我学得很痛苦，我以后不去学任何东西了！"

　　母亲："难怪文文生妈妈的气呀！"

　　母亲："我一直听你抱怨教练很凶。当教练很凶时，你觉得很害怕吧？除了害怕，还有其他感觉吗？"

　　文文："我一直很紧张，很怕犯错呀！要是做错动作，就会被他吼，好可怕！"

　　母亲："感觉很紧张、很害怕呀！那么，当教练很凶时，你都怎么办呢？"

　　文文："我就很努力地练习，把动作做对呀！"

母亲："可是文文很害怕，不是吗？"

文文："对呀！其他小朋友也很害怕。"

母亲："文文发现其他小朋友也害怕呀？文文很细心呢！"

通过"正向聚焦"帮助孩子见证自己的努力

"同理心"可以通过核对式的提问或者直接说出孩子的情绪感受等方式表达。在这个过程中，母亲要完全专注于孩子的内在感受，不带有任何说理或建议。在孩子有机会充分表达自己的情绪感受后，再进行"正向聚焦"的响应。可能的对话如下：

母亲："文文，我很好奇，你觉得教练好凶、好可怕，但你仍然把五堂课学完了，你是怎么做到的呢？"

文文："是你一直叫我去的，说什么'钱都已经交了'啊！"

母亲："你很听话，妈妈很感动。虽然是我要你去的，但也要你愿意去啊！我看到你坚持把课上完了，你真是不简单。"

文文："还好只有五次课，不然我一定会疯掉。"

母亲："我看文文在那次游泳课中学会了换气，是吗？"

文文："对，还可以用蛙式游一小段。"

母亲："我很好奇，你是如何在这么短的时间内学会换气和蛙式的？虽然只是一小段。"

文文："就一直认真练习啊！"

母亲："我更好奇的是，你是如何在教练这么凶、心里这么害怕的情况下，还能把这些很难的动作学好？"

文文："嗯……我就不理教练骂什么，拼命练习就是了！"

母亲："哇！我也很想知道，你究竟是用了什么方法做到不理教练的责骂、专心练习的，可以告诉我你的诀窍吗？"

文文："哈！我把他转成静音了……"

母亲："转成静音？"

文文："对呀！就是用遥控器把教练的声音转成静音模式啊！"

母亲："哇！哈……好厉害的方法啊！妈妈很佩服文文！即使教练这么凶，你还愿意坚持把课上完，真的很勇敢。而且，文文还可以想办法专心学习，还学会了换气和蛙式游泳，真的很有一套呢！文文还看到自己哪些很不简单的地方吗？"

正向聚焦在孩子做得很好的经验上，特别是面对困境时的态度，让他通过回忆与表达，见证自己的努力与成果，让孩子知道自己确实有办法面对这种令人不舒服的压力情境。同时，帮助孩子进一步从自己付出的努力中学习应对之道，让成功经验日后得以被复制。

任何打不倒我的，都使我更强壮

年幼的孩子面对深刻的负面情绪经验，有时候尚未拥有足够的内在力量去应对。这些负面经验与记忆便可能转化成类似创伤的东西，在未来类似的情境中，使身心再度出现各种形态的压力反应。但若在大人的协助下，负面情绪可以被承接住，内在感受被充分理解，同时将这些负面经验转化，用于成长与学习，就能借此强化个人的内在力量。未来面对类似情境时，孩子将更加相信自己有能力去应对。

然而，如果孩子遭遇挫败或负面情绪经验时，大人只是不断地责怪他们软弱，要求他们振作、勇敢，或者讲大道理，或者过度保护，不让孩子再有机会接触类似的挑战，这些都无助于孩子的成长。

哲学家尼采曾说："任何打不倒我的，都会使我更强大！"人若能在苦痛中学习，便能更加强大，生出足以应对下一个人生挑战的力量。父母能做的，就是通过转化经验，帮助孩子获得更强大的内在力量。

∽ 给家长的话

尽管大人可以帮助孩子，尽量将孩子成长过程中大大小小可能造成负面经验的元素移开，但人生的挑战一重又一重，即使现在没有遭遇到，未来还是可能会面对。与其让孩子在温室中长大，不如让孩子顺其自然地经历一些痛苦，并学习在痛苦中成长。

当孩子不被允许长大时

在我从事心理咨询的过程中，总会遇到一些"不被允许长大"的孩子。

他们的父母常在嘴里说着"要是你能成熟点就好了"，实际上却对孩子过度保护，不敢让孩子放手尝试或做决定。不过，也有些父母自身处于不够成熟的心理状态，因而无法放手让孩子长大。

前一阵子，有位母亲前来咨询孩子的状况。她告诉我，儿子上初三之后，尤其是会考前夕，时常情绪失控，经常在她面前暴怒并口出恶言。

我相信，事出必有因，孩子在父母面前做出激烈的情绪反应，通常隐含着固定的模式，一定与某些事有关。于是我进一步问："孩子说话不客气，都是因为什么事呢？"

没跟上孩子成长脚步的父母

这位母亲说："孩子曾说，如果能考上第一志愿就去念。我希望他留在家附近的高中就好，没想到他就生气了。

"有一次，我们又谈起这个话题。他说，他觉得最近的读书状态不好，很担心自己考不上第一志愿。我告诉他，考不上没关系呀！留在家里念附近的高中就好。没想到，他竟然很生气地响应我：'妈！你为什么都不信任我呢？'"

她叹了口气说："我怎么会不信任他呢？我知道他有这个实力，我只是希望他别这么勉强自己……"说着说着，她忍不住流下泪水，啜泣着，"这孩子以前不会这样的，他很贴心，也常撒娇，我们感情很好的……"

我同理地问道："是不是一时很难接受孩子长大了？"

"什么？"她似乎没能理解我的话。

我接着说："一个孩子会对自己的父母怒气冲冲、说话不客气，通常是心里有期待或要求不被父母赞许，或难以被父母理解，才会心急得讲话越来越大声、越来越用力。他们的目的只是设法让父母听懂，甚至获得认同。这是一个孩子开始迈向独立时常见的现象。"我停顿了一下，继续说，"而你们发生冲突的导火线好像也跟这个有关。"

母亲点点头，一边掉泪一边说："我光想到市区这么复杂，孩子长时间待在那里，真的很不放心。你想一想，一个孩子还那么小，就得离我这么远……"

原来，母亲不希望孩子就读位于市区、每天必须花很长时间通勤的明星高中，只是希望将孩子留在自己身旁。而孩子抱怨母亲不够信任他，其实只是想告诉母亲："放心吧！我有能力勇敢飞出去！"

我打断她："你能将孩子留在身边多久？高中毕业后，还是得去外地读大学的。"

这位母亲说："是呀！我知道，孩子也是这么跟我说的。"

在她的心里，孩子似乎还停留在小学那个既可爱又与父母十分亲昵的阶段。也就是说，孩子一天一天长大了，但大人没有跟着一起长大。

不让孩子长大，父母才有安全感

父母没有跟着孩子一起长大，或不愿意看到孩子长大，或打心底不允许孩子长大，这些状况通常与父母自己的心理状态有关。父母在成长过程中，因为某些原因（通常与来自原生家庭的情感创伤有关）而在情感联结上有很大的恐惧与不安全感，成年后仍无法有效化解或处理时，便可能通过"不允许孩子长大"来照顾自己的心情。此刻的大人，是处于一种尚未充分成熟的心理状态中。

于是，大人会希望孩子永远停留在最贴心与听话的年纪。如此一来，孩子就可以永远陪在父母身边，父母就不会经历分离的痛苦了。当孩子一直需要父母的担心与照顾，父母便能感受到自己时时刻刻被需要，进而证明自己的价值。

因此，一想到孩子长大后便要离家、独立，不再需要他们，父母便会焦虑不安，于是在心理上拒绝与孩子一同成长。直到孩子发出对立、反抗的声音时，父母先是感到震惊，接着是完全无法接受。

休学的孩子，原来是要维系父母的感情

当然，也有一些孩子，为了照顾父母在情感上的不安全感，以及内心的恐惧、匮乏或不安，会让自己的行为退化，永远以一个稚龄的面貌与父母互动。

我曾经遇到过一个大学生，念了一年大学便因为出现精神症状而休学在家，这让父母及家人感到很头痛。复学之路遥遥无期，又不敢给他太大压力。

但事实是，他心里一直惦记着母亲的声音："要不是因为你，我早就跟你爸离婚了。"于是，他不断在内心深处提醒自己：自己是维系父母婚姻与感情的关键，为了保全父母的婚姻，他必须留在家里。所以，生病或课业上的失败，让他名正言顺地回到了

家里。他试图以这种方式来照顾父母，甚至想帮助父母解决问题，让这个家不至于分崩离析。

这也是一种家人之间爱的联结，只不过是带来痛苦的联结。

自己的人生自己照顾

生命系统永远是往前进的。当下一代耗费了太多力量在上一代身上，便会使系统中的每个成员都处在痛苦之中。一个"不被允许长大"的孩子，眼光永远是向后的，看到的都是父母的需要，而无法把自己的人生活好——这正好让父母有了担心的理由，就更不能让孩子独立自主了。

因此，父母必须有自觉，上一代的任务便是支持下一代茁壮成长，让生命系统有效延续。当父母不愿意孩子成长、独立时，这种信息也很容易被孩子接收到。为了与父母保持情感联结，孩子也会不允许自己长大。

在成长过程中，我们难免会遭遇一些与情感联结有关的受创经验，深刻影响着成年后的情绪与人格发展。然而，这必须由自己负起责任，去面对、去处理。当你知道自己可能是个"坏掉"的大人时，请负起自我维修的责任吧！如此，你才能确保孩子健康成长，迈向成熟，而不会成为下一个"坏掉"的大人。

∽ 给家长的话

　　父母必须有自觉，上一代的任务便是支持下一代茁壮成长，让生命系统有效延续。当父母不愿意孩子成长、独立时，这种信息也很容易被孩子接收到。为了与父母保持情感联结，孩子也会不允许自己长大。

是礼物还是噩梦：
该不该让孩子经历挫败

有句老话说："失败为成功之母。"你认同吗？

过去，我在学校里担任辅导教师。辞去教职后，我成为心理咨询师，常被彷徨的家长问一些问题。

曾有一位母亲问我："我的孩子从小热爱艺术创作，也颇具天分，老师推荐他去参加比赛，他也想参加，但我很犹豫。我担心，万一比赛失利，他会因此失去对绘画的热情，怎么办？"

有一位父亲来问我："该让孩子就读市区的明星高中还是家附近的高中？孩子每天往返市区，耗时费力，我们怕他发生意外，更担心他通勤途中在外流连，交到坏朋友。我是不是让孩子留在家附近的学校念书就好？"

还有一位母亲问我："我的孩子刚升入初中，在班上一直没有交到朋友。我担心他会被排挤、边缘化，我是不是应该帮他办理转班或转学？"

另一位父亲则问我："我应该帮我的孩子暂停课外班里的全

美语课程吗？他没什么基础，在那里总是鸭子听雷，每天都感到很沮丧！怎么办？"

如果成长中的挫败经验避免不了……

这些问题都没有标准答案。但可以想见，大部分的父母都心疼孩子遇到困难，想方设法让孩子避开可预期的挫败——即使人们大多认同"失败为成功之母"这个道理。

演变到最后，父母便会过度代替孩子做决定——是否补习、如何安排课余时间、结交哪些朋友、升学选择的方向、金钱的使用方式……问题是，如果成长过程中的这些挫败经验是孩子无法完全避免的呢？

或许，我们该问的是：如果挫败避免不了，该如何支持孩子去应对挫败？

孩子是否会被成长中的挫败击垮，与挫败本身的性质、强度及持续的时间有关，也与孩子本身的心理素质有关。我们无法预知或控制什么样的挫败会找上门，但我们能帮助孩子提升心理素质。

童年不幸经历对身心健康的冲击

20世纪80年代起，美国的医学与公共卫生学界开启了一波关于童年不幸经历（Adverse Childhood Experience）的研究。许多临床工作者不约而同地发现，童年时期遭逢的重大逆境，如遭受性侵、虐待、疏忽照顾或者处在丧失功能的家庭环境中，会直接冲击一个人的身心健康。首当其冲的就是学习功能，同时出现一系列的情绪困扰、精神疾病、自我伤害或犯罪行为，还会影响免疫系统及内分泌系统，提高肥胖、糖尿病、心血管疾病或癌症的患病风险。

这波研究唤起了人们对于儿童时期成长经历的关注，很多国家都致力于避免让孩子暴露在各种严重的危险环境中。然而，这波研究也发现，当一个人不可避免地经历成长中的一些创伤时，若身旁能有一位或多位提供稳定支持的成人，便可以有效缓冲不幸经历带来的冲击。

关于创伤与压力的研究发现，当一个人处在严重挫败、压力事件或伤害中时，身体会启动一系列的应激反应，包括逃亡、战斗、冻结或瘫痪等。此时，我们的大脑通过这些原始的本能反应保护自己，小命保住了，但后遗症也留下了——创伤记忆。当再度遭遇类似情境时，相同的反应便会再度被唤起，即使这个情境已经不再能对我们造成威胁——"一朝被蛇咬，十年怕井绳"就是这个道理。

即使没有经历虐待、疏忽照顾等困境，成长环境中仍存在着许多会冲击孩子身心健康的风险，例如不愉快的同侪相处经历、课业学习挫败、来自家人的高度期待与压力，身材、外貌不如人，时常遭遇批评、指责……这些几乎是无法避免的事件。

成人的稳定支持会减缓挫败经历的冲击

有些孩子经历一次挫败就高举白旗投降，从此一蹶不振；但有的孩子能成功挺过逆境，并且越挫越勇。是什么造成前后两者的差别？这很难说。但可以确定的是，身边有个始终温暖关怀、愿意提供支持与理解、总能传达信任与正向期待的成人，是孩子在遭遇困境时仍然能够爬起来继续向前的关键因素。

而这个稳定存在的成人，最好是孩子的父母。

我从实际经验中观察到，那些心理韧性与复原力最强的儿童或青少年，往往与他们原生家庭的主要照顾者（通常是父母）有着温暖稳定的关系联结。关系联结越稳定，相处气氛越融洽，孩子内心的安全感越丰足，他们的身心也会更加持续地处在稳定的状态中。当逆境来袭时，他们便能够沉着应对，不会轻易被挫败击垮。

一个人在面对困境或挫败时，只要能让自己维持在一定程度的身心稳定状态中，大脑掌管理性分析、逻辑批判、计划与决定功能的前额叶皮质便会正常启动，能想出更多办法来应对困境，同时也能够从挫败中吸取教训，获得学习与成长。此刻，他不但成功应对了困境，还超越了困境。

当类似的挑战再次来临时，他会更加胸有成竹，也更有信心去面对更加艰难的挑战。挫败对他而言，就是人生中的一份礼物。

那些容易在挫败中被击垮甚至未战先败的人，他们的周围往往缺乏稳定安全的人际支持系统，尤其是与父母关系恶劣、冲突不断，或者不被重视，感受不到信任与支持。更多的时候，当孩子遇到困难时，父母不给予安慰或鼓励就算了，还扮演了"落井下石"的角色，予以批评、指责、怒骂及负面评价：

"连这点小事都做不好，你到底有没有用心呀？"

"成事不足、败事有余，真怀疑你到底是不是我的孩子！"

"用你的大脑想一想好不好？真是气死我了！"

"你真的很令人失望，我们家的脸都快要被你丢光了！"

"下次再这样，你就走着瞧！"

这样的话语，很容易把正经历挫败的孩子的身心状态从稳定推往波动或失调，从而使其处在持续且过大的恐惧、焦虑、自责、惶恐、无助或愤怒等情绪之中。因为此刻大脑前额叶皮质是类似"死机"的状态，根本无法理性思考、分析局势，更别提做出更好的决定去解决问题了。

即使每次的挫败经历都不是很严重，但长久累积下来，也会形成创伤记忆与反应。在未来面对类似或更严峻的挑战时，内心便会匮乏无力，甚至直接放弃，不再愿意尝试。

是礼物还是噩梦？父母的态度是关键

作为父母的我们，要帮助孩子提升心理素质，增强面对挑战的韧性与面对挫败的复原力，稳定的支持是不可少的，若是平时就与孩子有着温暖信任的关系，就已经为孩子有效应对挫败打下良好的根基了。

成长中的挫败，对孩子究竟是礼物还是噩梦，取决于家长扮演着什么角色。你可以想方设法地不让孩子经历挫败，这看似保护了孩子，但也剥夺了孩子从失败中学习与成长的机会；然而，把孩子独自一人丢在险恶的情境中，对孩子的处境不闻不问，甚至落井下石，看似磨炼孩子，实际却可能让身心还未完全成熟的孩子被困境打倒，再也站不起来。

重点不是经历挫败对孩子好不好——因为挫败总是避免不了——而是应该陪伴孩子去经历可能的挫败，让孩子在感受到高度的安全与支持下，开启自己的智慧去判断、面对问题，同时学习与成长。

⌒⌒→ 给家长的话

身边有个始终温暖关怀、愿意提供支持与理解、总能传达出信任与正向期待的成人，是孩子在遭遇困境时仍然能够爬起来继续向前的关键因素。而这个稳定存在的成人，最好是孩子的父母。

五个步骤，
陪伴孩子掌握应对挫败的本事

虽说"人生不如意之事十有八九"，但是人们常常希望"最好一件也别发生在我的孩子身上"。

有可能吗？大概很难。我常遇到很多焦虑的父母与我分享孩子在学校里遇到的困境，问我该怎么办：

"我该帮孩子去跟学校老师沟通一下吗？"

"我该帮孩子去跟欺负他的同学说一下吗？"

"我该帮孩子安排课后补习班吗？"

"我是不是该劝我的孩子放弃这次机会？"

"让孩子转学是不是比较好？"

家长们常常早已拿定主意，只不过是想找人确认一下自己的做法是对的而已。

应对问题比解决问题更重要

我常会对这样的家长说，不要急着出手帮孩子解决问题。为什么？

第一，你能确定你的解决方案是最好的吗？很多大人自以为能帮上孩子的方式，对孩子而言却是越帮越忙。

第二，你在最短时间内帮助孩子铲除当前的困境，同时也剥夺了孩子从困境中学习的机会。

人遇到了困难会设法去解决，这是很自然的事情，但如果是解决不了的事情呢？我始终觉得，比解决问题更重要的是能"应对问题"。所谓应对问题，就是知道当前的困境并非一时半刻能够解决，但仍有勇气去面对，并能与困境共处，最终从中学习与成长，甚至超越困境。

换句话说，若能在不危害自己或他人生命安全的前提下，让孩子在挫败中学习与成长，这比让他一帆风顺地长大还要可贵。

让孩子感受到陪伴的力量

关键就在"陪伴"这两个字——允许孩子用自己的方式去面对难题，只给予情感上的支持和鼓励，如非必要，不过度干涉，背后的信念是：相信孩子自有面对困难的能耐。

举个常见的例子，孩子回到家，板着一张脸说："班上同学不喜欢我！上课分组都不愿意跟我同组……"听到这里，你会怎么做？

"孩子，别担心，我会处理！"接着一通电话打给老师；或者，第二天一早冲到学校去向同学兴师问罪。你会这么做吗？如果是，那可要小心了，你可能正在帮倒忙，同时也剥夺了孩子自己面对困难与解决问题的机会。

如果你静下来问问孩子"怎么啦""发生了什么事""我想多了解一点"，然后不作评判，就只是听听孩子怎么说，接着同理孩子的情绪："我知道，遇到这件事，你感到很难过、很委屈。"最后询问孩子："那么，你觉得怎么办才好呢？"听听孩子想要怎么面对这个问题。那么，这个过程本身就已经发挥了陪伴的最大功能——带给孩子继续面对问题的力量。

陪伴孩子应对挫败的具体途径

身为父母，请坚定地相信一件事：孩子自有其面对问题的能耐。因此，大人要做的就是继续给出支持，让孩子感受到更多力量。具体而言，当孩子遇到困境时，家长可以通过以下途径陪伴孩子更有力量地应对问题。

1.倾听孩子的处境："发生了什么事？"

一个正在困境中奋力挣扎的人，是很希望被看到、被关心的。这时候，家长只需用温和的口吻问："怎么啦？""发生什么事了？""可以多说一点吗？""我想要知道多一点，好吗？"引导孩子把事情的来龙去脉说出来——但过程中就只是听，不评价，不讲道理。记住，孩子最不需要听到的就是一个又一个"你该怎么做"的建议。收起这些想帮孩子解决问题的意图，只要倾听就好。

2. 响应孩子的情绪感受："一定很难受吧？"

听了这么多，当然不可能什么都不回应。首先也最迫切的就是响应孩子在这个困境中的情绪感受，像："我知道，你一定很难受吧？""心里很委屈吧？你一定很希望同学能理解你。""你已经很努力了，结果却还是如此，一定充满无力感吧？""光是坐在座位上，就一定感觉很煎熬吧？"用同理的态度说出孩子的情绪感受，让孩子感受到被充分理解，进而建立起关系联结。"知道有人懂我"这个念头，本身就能产生力量。

3. 询问孩子的解决方案："那么，你打算怎么办呢？"

接着，多问一句话："那怎么办呢？""接下来，你会怎么做呢？"也就是让孩子自己说说他面对问题时的应对策略与想法。不过，许多大人在听了孩子的解决方案后，便忍不住大肆批评："这样行不通啦！""难怪你会一直被困住！"接着滔滔不绝地说起各种自以为高明的方法，这样往往令孩子更感挫败。

家长要做的是，理性地与孩子讨论他提出的解决方案中的利弊得失、该如何落实、怎么做会更好。有时候，在这样的讨论下会迸出意想不到的火花。

4. 肯定孩子应对问题的过程："你是怎么做到的？"

当然，孩子也可能双手一摊，告诉你："我不知道！"或者回答："问题不可能被解决的。"这时候，家长可别急着喊话，请带着好奇询问孩子："你是怎么撑下来的？""即使压力这么大，你仍然愿意去面对，你是怎么做到的？"

我们开始将响应的焦点放在孩子应对问题"过程"中（有别于"结果"——问题是否被成功解决了）那些"不简单"与"难得"之处，目的是让孩子见证自己应对问题的能力，同时，也传达出一份信任："我相信你是做得到的！"

这是在陪伴孩子应对挫败时最强大也最不容易做到的响应方式。但家长若愿意，通过一再地练习，便会发现，总有办法给出孩子一些肯定：

◎ 肯定孩子没有放弃。

◎ 肯定孩子愿意面对。

◎ 肯定孩子的求助行为。

◎ 肯定孩子的积极态度。

◎ 肯定孩子愿意采取行动。

◎ 肯定孩子想要解决问题的企图。

◎ 肯定孩子的体贴。

◎ 肯定孩子投入的心思。

5.感谢孩子的信任："谢谢你愿意告诉我。"

"谢谢你愿意告诉我"是句充满魔力的话语。孩子愿意开口把心事告诉父母，正代表着对父母的信任，否则他大可以自己闷着头去面对困难就好，何必向大人示弱？所以我们需要先感谢孩子对我们的信任，让孩子知道我们感到了被在乎，并感受到了自己是重要的。

尤其是面对那些常讲"不知道""没什么""还好"或拒绝沟通的孩子时，重启联结与对话的途径之一就是，当孩子愿意多表达一点时（就算是说"不知道"也好），立刻回以"谢谢你愿意告诉我"这句话。这样往往会让孩子愿意与我们分享更多。

"发生了什么事？"

"你一定很难受吧？"

"那么，你打算怎么办呢？"

"你是怎么做到的？"

"谢谢你愿意告诉我！"

时常表达这五句话，便能在陪伴孩子应对困境的过程中让孩子感受到来自父母满满的爱与支持。即使孩子仍然感到害怕与无力，也愿意坚持下去。

☞ 给家长的话

比解决问题更重要的是能"应对问题"。所谓应对问题，就是知道当前的困境并非一时半刻能够解决，但仍有勇气去面对，并能与困境共处，最终从中学习与成长，甚至超越困境。

不是孩子思想偏差，而是你无法认同

身为家长，你是否常遇到孩子生出偏执或怪诞的想法，你劝也劝不动，讲也讲不通，孩子就是这么想，甚至准备这么做，你拿他一点办法也没有？特别是当孩子进入青春期，就会不断向父母出招，你们的对话会是：

"我不想念书了，念再多也没有用！"

"不念书，那你要做什么？"

"做'网拍''网红'都好呀！不然当电竞选手，现在这个正当道。"

"你好歹也要念到大学毕业，这是基本学历了。"

"学历有什么用？现在大学生失业的一大堆。"

"……"

讲到这里，你已经想拿出藤条了！或者，你的孩子总是跟一些"不太正经"的朋友混在一起。你告诉他，不是不准他交朋友，而是与那群人出去很容易惹上麻烦，早日远离他们才是上策！

孩子回答你："他们又没有犯法，也没有做什么坏事，你们为什么要对他们这么有意见？而且我已经长大了，我会保护自己，你们不要老是把学习成绩作为交朋友的标准，我跟他们一起出去玩很开心呀！"

孩子说得理直气壮，你只能摇头叹气："这孩子怎么了？"

孩子是否接受你的观点，在于是否信任你

我不喜欢用"偏差"或"错误"来形容孩子的思考模式，很多所谓的"偏差观念"只不过是非主流，或不被大人世界所认同，不一定就是"错"的。孩子们的某些想法只不过是比较"独特"罢了。

遇到这样的情况，如果你试图给孩子分析利弊，搬出"仁、义、礼、智"的大道理，想要说服孩子，终究会招致更顽强的抵抗。因为，人为了证明自己的独立性，会设法捍卫自己的观点，于是，你们的争辩只会没完没了——这在青少年身上更为明显。

有句话说，家里不是讲道理的地方。在某种程度上，我是很赞同的。因为，如果孩子长大了还愿意接受你的某些观点，那并不是因为你说得多有道理，而在于孩子愿意信任你这个人。

更确切地说，家里是"先谈感情，再讲道理"的地方，而信任感来自稳固的关系，也就是人与人之间的情感联结。

那么，你一定很想知道：什么样的人会让青少年孩子信任，甚至信服？

首先是教主型人物，就是够酷、够炫、够新潮、与众不同。青少年追求的就是特立独行，这类人物出现在他们眼前时，他们很难不被吸引。当然，从这类人物口中说出的话在孩子听来也全是金玉良言。

不过，时尚教主终究有过时的一天，孩子对他们的信任也常是短暂的。能让孩子长期信任的人，还有一个特质，就是当孩子与他们互动时会感到舒适自在——不是被充分理解，就是感觉到内心充满力量。

被充分理解，是"有人懂我"的感觉，满足了归属感的需求；内心感受到力量，是"我是有价值的"的感觉，满足了自尊的需求。对青少年而言，这两者超级重要。

当孩子长大了，你也老了，你不再是孩子们崇拜的超人或英雄。你只需当个陪伴者，让孩子与你相处时能被充分理解，且深感力量。当然，这免不了要下点功夫。

五个步骤与孩子交换观点，理性讨论

有了这些基本认识，当孩子抱有一些你无法认同的观念时，该如何面对与响应，甚至有效引导呢？

1.善用探问引导,听听孩子怎么说。

不论孩子怎么想,请先放下"偏差观念"这样的标签,试着去理解孩子与你不同的想法背后有些什么考虑、发生了什么事、他经历了什么,或者遇到了什么困难……

大人可以带着好奇,通过一连串的提问去深刻理解孩子。比如:"怎么说呢?""会这样想,一定有你的理由吧,可以与我分享吗?""最近发生了什么事,让你有了这个想法?""你这么想多久了?从什么时候开始的?"……

记住,语气要保持和缓,才不会让人有"被盘问"的感觉。而当孩子陈述时,只要静静地倾听就好了。这么做,一方面能帮助你搜集到更多与孩子有关的信息——通常是孩子遭遇到困境了;另一方面,孩子也能感受到被大人充分理解。

2.把问题还给孩子,让孩子告诉你他的计划。

接着,依然保持温和的态度,问问孩子:"那么,接下来,你打算怎么做呢?"提出各种假设性的问题,让孩子去思考:"如果发生了这样的事情,你会怎么办?""如果结果不如你的预期,你会如何应对呢?"

别忘了,这么问仍是在理解孩子的想法,而不是在给孩子泼冷水,更不是传达出"不看好你"的信息。这么做的用意,是帮助孩子在心平气和之下更缜密地思考自己想法的合理性,增进自我觉察。所以,不评价、不否定、不给建议、不讲道理,是最高指导原则。

3.将响应聚焦在情绪感受上。

很多时候，孩子独特想法的背后，常是因为生活中遭遇了困境而期待被关注与理解。比如，不想去上学的孩子，常是在学习过程中屡遭挫败，无力感持续累积，或是在学校里有着不愉快的经历。喜欢与"不正经"的朋友耗在一起的孩子，可能是在学校里不受欢迎，交不到知心好友，或是在家中感受不到肯定与支持。

此刻，大人便可以将响应的焦点放在孩子身处困境的情绪感受上。例如："我知道你在读书学习上一直感到很无力。""你很担心功课一直没起色，会令我们失望。""你一直觉得很孤单，不被理解，是吗？"

通常，孩子的某些想法看似不切实际或荒唐无理，实际上是在传递内心深沉的无力、委屈、挫败、不安、恐惧或生气的感觉。

4.说出孩子内心的需求。

躲藏在情绪背后的是一个人内心深处的需求。例如，人之所以会生气，可能是因为没有受到重视——自尊的需求未被满足；又比如，人之所以感到孤单，是因为不受欢迎或不被接纳——人际归属的需求未被满足。

大人可以在响应孩子的情绪感受后，顺势说出孩子内心的需求。例如："原来，你一直想要有好的课业表现，但却无能为力。其实，你很希望被重视，不想被瞧不起，是吗？""我感觉得出来，你是多么期待有人可以接纳你，真正理解你。""你也很渴望成功，有一番好表现，让爸妈以你为荣。"

5.告诉孩子，你很乐意与他讨论。

前面四个步骤，就是在铺出一条能让孩子感受到被充分理解，以及有更多力量的道路。一旦这条路径打造出来了，便可以针对孩子的想法进行理性讨论了。

你可以征求孩子的同意，分享你对这个议题的观点，也可以说出你的经验，或者举别人的例子。记住，讨论的目的是交换观点，扩大孩子的思维广度，而不是借机批评孩子的想法，甚至让孩子感到难堪。

最重要的是传达出一条信息："我很重视你的想法，也很乐意与你讨论。如果你愿意的话，随时都可以来找我。"

⌘ **给家长的话**

能让孩子长期信任的人，还有一个特质，就是当孩子与他们互动时会感到舒适自在——不是被充分理解，就是感觉到内心充满力量。被充分理解，是"有人懂我"的感觉，满足了归属感的需求；内心感受到力量，是"我是有价值的"的感觉，满足了自尊的需求。

Part 5

站对位置，做有效的选择

陪伴孩子成长，不能只是拼命付出爱，爱里头还要加上智慧。加了智慧的爱，父母就能懂得，如何在保护与放手间拿捏得宜；加了智慧的爱，父母就能理解，把握每一个当下，与孩子有着高质量的互动，比什么都重要；加了智慧的爱，父母就能认清，无须对孩子感到亏欠，做孩子的父母，也做自己的主人；加了智慧的爱，父母就能知道，若要影响孩子，身体力行比说什么都有效；加了智慧的爱，父母就能领悟，父母的事情得自己解决，并且支持孩子活出自我。

父母的事情自己解决，让孩子做回自己

　　一对夫妻有了孩子之后，情感及互动都会发生很大的变化。而当双方起了冲突，不论是争执、口角、冷战或对立，孩子都很难不受影响。

　　还记得很小的时候，有一次我目睹父母吵架，内心惊恐万分，担心父母就此各走各的，于是分别跑到父亲及母亲身旁，跪在地上，边发抖，边哭求他们赶快和好。我永远忘不了那个场景，后来与朋友聊起，才发现许多人都有类似的回忆。幸运的是，父母偶尔争执后，总会和好如初，做孩子的也总能松一口气。

　　然而，总有比悲伤还要令人悲伤的故事。还是会有双亲失和时，孩子无意间被卷入，成了代替父母解决婚姻问题的中间人的情况。

问题行为的背后，藏着家庭的秘密

有一位母亲曾向我求助：她就读初一的儿子最近一直不愿意去上学，出门前会编各种借口逃避去学校；到了学校，很快又会声称身体不舒服而吵着请假回家。这样的状况已经持续快两个月了，令她相当苦恼。

照惯例，我先了解了最近家里是否发生了特殊的压力或危机事件。这位母亲告诉我，这一两年来，孩子的父亲因为工作不顺，常常在外喝酒喝得醉醺醺，回到家便是伸手要钱。两个月前，夫妻为此大吵一架，父亲便很少回家，回到家也不愿意和太太说话，有时候只是洗个澡，就又匆匆出门了。

后来，我有机会跟这个孩子接触，便简单聊了一下。我问他为什么不去上学。他回说，无聊，没兴趣。我再问，是不是在学校发生了什么事。孩子摇摇头说，没有。

我直接问："听你妈妈说，爸爸妈妈前些日子大吵一架，最近处在冷战中，爸爸很少回家，有这样的事情吗？"

孩子点点头："嗯！"但显然不想多谈。

"那么，你担心吗？"我看着他的眼睛，慢慢地说。

眼前的初一男孩把头别了过去，抿起了嘴，拒绝说话。然而，藏不住的是他的眼泪，一颗又一颗不断从脸庞滑落。

孩子试图通过自我牺牲来替父母解决问题

孩子为什么不去上学？因为担心双亲失和，会失去父亲或母亲任何一方。父亲一直不回家，所以他得想办法把自己留在家里，看住母亲（或者照顾母亲），因此无意识地发展出各种身体不适，或者学习低动力，让自己可以不必去学校。长期如此，若孩子没有得到妥善的协助，肯定会发展出一些身心疾病、退化反应或问题行为。

在辅导与心理咨询的实务中，我确实见到很多孩子会因为双亲失和而发展出莫名的身体或心理症状，以及拒学、辍学、课业落后、自我伤害、偏差行为、网络成瘾等棘手问题，借以让父母暂时搁下眼前的婚姻冲突，将关注的焦点放在处理孩子的问题上。

孩子正试图通过生病或自我破坏的问题行为，创造出父母和好如初的幻象——这便是孩子无意识地自我牺牲，试图替父母解决问题。

只是，父母的问题终究不是孩子能够解决的，换来的通常是双输的局面。

因为失去另一半的支持，转而寻求孩子的支持

另一种让孩子卷进父母之间纷争的形式是，要求孩子选边站、主持公道，或者向孩子吐苦水，说另一半的坏话。于是，孩子有时候成了传声筒，代替冷战已久的父母传递信息；有时候则成了法官，被迫裁定谁对谁错；或者，成了大人的情感照顾者，瞬间被迫从孩子的位置转换到大人的位置，成了提早长大的孩子。

"你爸爸总说我很懒惰、不关心家庭，你说，我是这样吗？"

"她到底是怎么当妈妈的？糊里糊涂，连个简单的事都办不好！"

"你爸整天只会骂人！孩子呀……长大后千万别像爸爸那样呀！"

"要不是因为要养你们，我早就跟你那没用的爸爸离婚了！"

"如果以后爸爸妈妈分开了，你是要跟爸爸，还是跟妈妈？"

成年人往往因为感情不睦，得不到另一半的支持，便转而寻求孩子的支持，要求孩子照顾自己的情绪感受。他（她）会向孩子诉说另一半的坏话，不允许孩子自由发展，用情感勒索绑住孩子。孩子为表示对大人的支持，不敢违背，更不敢离开，却也限制了自己的人生！

有的孩子受不了巨大的情绪负担，试图切断情感联结，转而提早离家，过早独立，并且因为在心里否定了与父母的联结，内

在总觉得少了份力量。

而更多的孩子就这样持续活在亲情捆绑之中，想要独立自主，却因为早就习惯过度承担大人的痛苦而充满罪恶感，只好继续听话当个乖小孩，日后再将这些成长中的遗憾或委屈传递给下一代。

在家庭中，婚姻关系优先于亲子关系

回到前来向我求助的那位母亲，以及不去上学的孩子身上，怎么办呢？

我建议那位母亲回到家后时常有意无意地对孩子释放这样的信息："孩子，我知道你很担心我和爸爸的感情问题。不过，我和爸爸之间的问题是我们两个人的事情，由我们自己来处理就好，不论最后变得如何，我们都是爱你的。请把你自己的人生过好，我们也会努力处理我们之间的问题。"

夫妻之间总会发生冲突或不和，有些解决得了，有些解决不了。无论如何，父母都要意识到，孩子很容易在无意间被卷进去。

而最危险的，莫过于在空虚、寂寞、冷时，无意识地把孩子当成取暖的对象。

当你想着"我没办法掌握我的另一半，但孩子是我的，总可以掌握住孩子吧"的时候，你已经没有将孩子放在他自己的位置上了。长久下来，孩子想不出问题都难。

一定要设法画出一条界线，让孩子知道，父母的问题由父母自己来处理，孩子永远都会拥有父母无条件的爱。

在家庭关系中，婚姻关系永远优先于亲子关系。婚姻关系经营得好，亲子关系通常不会太差；就算无法经营好，也要懂得"自己的问题自己处理，让孩子做回他自己"的道理。

∞ 给家长的话

夫妻之间总会发生冲突或不合，有些解决得了，有些解决不了。无论如何，父母都要意识到，孩子很容易在无意间被卷进去。而最危险的，莫过于在空虚、寂寞、冷时，无意识地把孩子当成取暖的对象。一定要设法画出一条界线，让孩子知道，父母的问题由父母自己来处理，孩子永远都会拥有父母无条件的爱。

是"放手"而不是"放生",更不是"放弃"!

不止一位家长曾与我谈过,在孩子慢慢长大后,他们曾试着给予孩子更多的空间与自主权,也就是所谓的"放手"。

其中一位父亲提到,过去,他长期使用高压的方式教养孩子,对孩子的生活作息严盯死守,还动不动就批评与指责孩子,渐渐地招来了孩子的反抗。最后,孩子干脆消极应对,来个爱搭不理。这时他才发现,该改变与孩子相处的方式了!

后来,这位父亲逐渐尝试给孩子更多的自主空间,让孩子学习自我负责,对于孩子的课业或生活大小事,也慢慢练习不要"管太多"。然而,他的心里总有一种矛盾的心情:"当我试着少管孩子时,不知道为什么,心中总有一份罪恶感。"

在请他多谈谈时,他问我,如果不怎么管孩子,是不是就没有尽到身为家长的责任?这样真的好吗?

放手不只是一种教养方式，更是一种尊重的态度

他不是唯一这样想的人。许多家长为孩子所做的一切，不论有效还是无效，无论孩子是否接受，常常只是为了符合自己心中那个家长的形象，为了寻求自我认同；若不能做到，心中便会不安或产生罪恶感。

"你正在做一件对孩子的成长与独立有帮助的事情，为什么会有这种感觉呢？"我反问。

"是呀！我也是这样想。但转念一想，就这么完全不管他了，真的好吗？"

我明白了，这些大人内心的罪恶感或不安，很可能来自对"放手"这个议题的错误认知。

事实上，放手并不是完全不管，不是任由孩子天马行空、自由发展。放手是一种态度，是尊重孩子的独立性与本就拥有的内在力量，愿意给予孩子更多自主的空间与权利，让孩子逐渐练习迈向成熟与自我负责。

用尊重与肯定代替干涉、命令或指责

如果说放手就是从此以后完全不再过问孩子的事情，那就大错特错了。放手，是在关心孩子的前提下，有意识地给予孩子自

主支配权，而非凡事都唯父母之命是从。父母仍然时时刻刻关注着孩子，只是以更多的尊重与肯定代替干涉、命令与指责。

当孩子的生活遇到困境了，家长当然不能视而不见或充耳不闻。只是，一个有智慧的家长会懂得关心孩子的内在情感，试着关怀与理解孩子的处境，并在孩子有需要时及时与孩子开放地进行讨论。若非生死攸关、危害自己或他人生命，或者有犯罪的风险，便尽可能尊重孩子最后的决定。

那么，如何判断孩子"有需要"呢？这对许多家长来说又是一大难题。

我的观点是，当孩子主动求救时，大人再出手。当然，若是危急时刻或事关重大，家长强行介入也是必要的——眼见孩子就快溺水了，能不紧急抢救吗？

孩子真正需要的是获得往前走的力量

父母介入时，要先理解孩子的困境，再与孩子进行讨论，必要时才提供自己的建议。当我们能与孩子在尊重的前提下对话时，你会发现，其实孩子早就知道该怎么做了，他们只是想要被了解，借此获得更多的力量。

掌握关键了吗？获得力量！

记住，父母永远是孩子生命力量的来源。父母能给的，除了基本的温饱，就是通过情感联结带给孩子力量，让孩子更有勇气面对挑战，走好自己的人生路。

与"放手"相对的概念，是"放生"，甚至"放弃"。不论放生还是放弃，都是基于一种心灰意冷的心态，决定让孩子自生自灭："孩子接下来的一切都与我无关！"表面上似乎是尊重孩子，事实上并没有带给孩子任何力量，甚至会让孩子感觉到被忽视或被遗弃，从而导致亲子之间的情感联结是断裂与疏离的。

在"极端保护"与"极端放手"间来回摆动

这样的家长，常会从"极端保护"一下子跳到"极端放手"。保护与放手，就像一道光谱的两端，孩子越小，保护越多；孩子越大，放手越多，父母的教养态度会在这道光谱上逐渐移动。

然而，有些父母长期以来通过"极端保护"来教养孩子，在孩子逐渐长大后，仍然持续施加压力，不断干涉，结果与孩子的冲突对立频率不断增加。无可奈何之下，家长一瞬间来到"极端放手"的一端，但内心又充满罪恶感，认为自己没有尽到为人父母的责任，于是又在下一个瞬间跳回"极端保护"的一端。

当教养态度在"极端保护"与"极端放手"两个极端之间来来回回，而少了中间的过渡地带时，孩子将更加无所适从。这种教养方式表现出的极端摆动，也显示出家长自己内心的慌乱、焦虑、不安与无力。

家长的内在是无力的，又如何能带给孩子支持的力量呢?

你永远给不出自己身上没有的东西

最近，有一位忧心的母亲前来与我讨论。她的女儿从青春期开始，就一直与她处在对立冲突的互动中。女儿总和母亲唱反调，母亲越反对的，女儿越是要去做。母亲担心女儿受伤受挫，对大小事情加以更多限制，结果又换来女儿更多的反抗。

女儿中专毕业后便不再升学，也没有出去找工作，而是待在家里一天到晚与母亲吵架。家里的气氛要么很紧张，要么很低迷。女儿一直吵着要搬出去自己住，母亲却认为一个女孩子自己住在外面很危险。这位母亲很不理解，明明在家可以得到悉心的照顾，为什么女儿却老是吵着要搬出去。

我说:"就让她搬出去吧! 放手吧! 否则，她是没有办法真正长大的。"

这位母亲说:"我先生也是这样告诉我的，但我就是很焦虑、很担心呀! 我很怕她搬出去之后没办法照顾自己，外面坏人又很多……"

这位母亲亟须解决的，不是与女儿相处的问题，而是自己内心深处那庞大的焦虑、不安与惶恐。她的不安弱化了孩子自我照顾的能力，甚至阻碍了孩子的独立与发展。孩子是无辜的，但是又有多少家长能意识到这些呢？

⌒○ 给家长的话

一个有智慧的家长会懂得关心孩子的内在情感，试着关怀与理解孩子的处境，并在孩子有需要时及时与孩子开放地进行讨论。若非生死攸关、危害自己或他人生命，或者有犯罪的风险，便尽可能尊重孩子最后的决定。

收起亏欠：
经营亲子关系不在时间，而在质量

最近，一位好久不见的好友问我，若是跟孩子相处的时间不够，会不会影响亲子关系。我说，是有可能，但这不是影响亲子关系最重要的因素。

好友这几年被公司调派到北部工作，与居住在南部的太太及年幼的孩子分隔南北。平时他工作繁忙，只有周末假期才能回家与家人团聚，有时周末还要加班，两三周才与家人见一次面也是常有的事，就这样他与妻小聚少离多地过了两年。

好友打趣地说，很担心年幼的孩子有一天不认得他这个爸爸了。他说："我听说，同事的孩子死也不肯叫他一声'爸爸'。"

其实，在现代社会，像好友这样因为工作只身在外，与家人相处时间不多的人不在少数，有的甚至外派国外，半年、一年才有机会回家一趟。他们常会感觉到与家人的感情越来越生疏。

然而，还是有许多"假日父母"仍能将家人关系经营得很好，家人之间的情感联结也很紧密。这背后的秘诀就是彼此的信任与充分沟通，更重要的是，他们能够把握每一个相处的当下，创造高质量的互动。

补偿心态往往适得其反

有些父母因为鲜少有时间陪伴孩子，总觉得对孩子有一份亏欠。基于对孩子的补偿心态，每当与孩子相处时，会尽可能花钱让孩子拥有最好的享受，这样做的结果往往适得其反。

向明的故事就是个例子。向明是学校里的军训教官，从年轻时在部队到近几年请调到学校里服务，他一直没有与家人同住。向明对于孩子在成长的过程中缺少父亲的陪伴，一直感到很亏欠，每次回家便会带许多礼物给孩子。而孩子只要开口，且不是太夸张，向明就会设法满足孩子。

向明每回带孩子到游乐园，将孩子放上游乐设施后，就在一旁抽烟、看手机。当孩子玩完后，他再带孩子到下一个游乐设施，放上去，继续抽烟、看手机……直到把游乐园的所有游乐设施都玩一遍后打道回府。向明认为自己已经尽到陪伴孩子的责任了。

孩子逐渐长大，即将上初中，游乐园或玩具已不再能满足他，便开始向向明要求更高价位的流行时尚用品。若向明不答应，孩子便生气，对向明不理不睬。向明担心与孩子的关系破裂，只好任孩子予取予求。然而向明也发现，与孩子相处时竟然无话可说，孩子也不愿意或不习惯与父亲交谈，每次开口都是向父亲要钱买东西。向明在孩子心中似乎只剩下"提款机"的功能了。

向明很苦恼："周末或节假日我都尽量带孩子出去玩，也尽可能满足孩子的各种物质需要，为什么苦心经营却还是与孩子如此生疏？"

向明一直觉得是因为陪孩子时间太少，造成了父子之间的疏远，他除了懊恼，对孩子更感愧疚。长期的军旅生活造成向明严肃且一板一眼的行事风格，即使意识到问题，他也实在不知道该如何与孩子改善关系。所以每逢假日，他还是只能带孩子到高消费、高娱乐的地方去玩，买更多青少年喜欢的东西给孩子，试图拉近与孩子之间的距离。

其实，向明是个对家庭很有责任感也很愿意付出的家长，只是他用错了方式。他以为人在孩子身边就是陪伴，满足孩子的物质欲望就是关爱孩子的表现。事实上，与孩子相处，重要的不是时间长短，而是相处过程中的互动质量。

有情感交流的高质量互动才能真正满足孩子的需求

人与人之间高质量的互动，必定是带着情感交流的，最明显的行为表现便是双方能够互相分享与交换感觉或心事。简言之，具体的做法包括：

1.专注倾听。

放下手机、搁下杂务，静下来，注视着孩子，好好地聆听孩子分享他的生活点滴。不只是倾听孩子话语的内容，更要观察孩子的表情与动作，感受孩子内在的情感。哪怕只是五分钟、十分钟，光是专注倾听，就能感受到与孩子的内心更近了。

2.好奇探问。

好奇探问是基于想知道更多的意图，试着参与孩子感兴趣的话题。家长不妨在孩子开口分享时，带着好奇的口吻去探问孩子：发生了什么事？细节如何？带给你的感受如何？对这件事情的看法如何？打算怎么做？如此丰富对谈的内容。记住，只是单纯地探问，不批评、不说教。任何说理或给予建议，都是破坏互动关系的杀手。

3.同理内在情感。

同理心响应是开启双方内在联结的钥匙。关注孩子所表达的情绪感受，是委屈、愤怒、伤心、焦虑、失落，还是兴奋、期待、满足、开心？用情绪形容词说出孩子内心的感受。这会让孩子感觉被深刻理解，父母也会感觉到自己的内心更加柔软了。

4.分享个人故事。

年幼的孩子偶尔才见父母一面，一定会对父母平常的生活感到好奇。父母不妨常与孩子分享自己在外地工作的所见所闻，创造出彼此对话的素材。孩子通过父母的眼睛看世界，自然能扩大自己的视野，也能增进彼此的了解。别忘了，只是分享，千万别流于说教或讲道理。

5.把握当下，持续对话。

把握每一个亲子互动的片刻，持续地实践前面四件事。有效的事情持续反复地做，经年累月终究会看到效果。

"假日父母"不需要对孩子怀着亏欠。父母必须意识到，大部分的父母都已竭尽所能地为孩子提供最好的成长条件了。一旦我们对孩子有着一份亏欠，便会想要讨好孩子，这不但无法真正拉近与孩子之间的距离，还会造成家庭系统里彼此地位的失衡。

在家庭系统中，父母的地位永远是高于孩子的。讨好的行为便是将父母放在比孩子低下的位置，最后当然落得让孩子予取予求的下场。而事实上，此刻的讨好，只是父母用来弥补自己对孩子亏欠的方式，当然无法与孩子建立真正的联结。

真正能满足孩子内心需求的，是具有情感交流的高质量互动，而非用金钱打造出来的"关爱"。

⌒ 给家长的话

父母必须意识到，大部分的父母都已竭尽所能地为孩子提供最好的成长条件了。一旦我们对孩子有着一份亏欠，便会想要讨好孩子，这不但无法真正拉近与孩子的距离，还会造成家庭系统里彼此地位的失衡。

大人愿意尊重，孩子就学会尊重

如果有一天，你的孩子回到家告诉你，班上有位同学好像有多动症，不是干扰上课秩序，就是情绪失控，同学们都难以忍受。

听到这里，你会怎么做？如果孩子每天回到家都向你讲述那位同学的"精彩事迹"，你又会怎么做？而当你进一步了解，得知这位同学是班上的身心障碍学生，被安置在一般班级中与同学们一起学习，同时也接受特殊教育服务时，你又会怎么做？

"这位同学一直干扰别人，这样下去不行！我要去学校跟老师讨论一下该怎么处理才好。"你会这么告诉孩子吗？

还是你会这么说："孩子！这位同学虽然跟大家不太一样，但他不是故意的。我们一起想想该如何帮助他，好吗？"

孩子间的歧视，通常是跟大人学的

有一次，在一个家长成长团体的课程中，有位家长提问："为什么成绩优异、天资聪颖的孩子，往往瞧不起那些弱势或功课差的同学？"

我首先要说，歧视会发生在任何人身上，但针对他的问题，我的回答是："通常是跟大人学的！"

在一个班上，不只是优秀的同学，任何人都可能去歧视另一个（群）人——如果他身旁的大人就是这么做的。

如果一个孩子在成长过程中，有意无意地被灌输："功课好才有资格被尊敬""要远离那些愚笨的人，自己才不会变笨""那些跟我们不一样的人很可怕，别太靠近""不要去跟那些贫穷、肮脏、怪异、看起来有病、孤僻、不用功的孩子在一起"……孩子的内心当然会对某些特定的对象——通常是身心特质与多数人不一样的同学——产生排斥、恐惧或厌恶的感觉，进而做出排挤或歧视的行为。

你可能会问：大多数父母都是受过教育的人，还会这样教自己的孩子吗？

事实上，大人不会直接说，但却会在不知不觉中透露出这类信息，或者直接表现在情绪与行为上。孩子在成长过程中很容易接收与内化"重要他人"的各种信息，从而也成了同样的人。

因无知而恐惧，继而排挤他人

那么，大人为什么会有这样的反应或观念呢？

所有的歧视、敌意或排挤，几乎都来自"无知"，而"无知"会带来"恐惧"，"恐惧"则会引发"自我保护"的本能反应——差别对待、攻击、排挤、疏离他人的行为，都是广义的自我保护。

例如，一直到现在，我还常听到家长群里流传着类似的言论：

"精神疾病患者都是疯子，有攻击性，很可怕。"

"抑郁症会传染，跟他们在一起久了也会得抑郁症。"

"多动症的孩子都是那些意志力不坚定、调皮捣蛋，故意要跟师长唱反调的人。"

"功课不好的学生平时不读书，还会带坏其他同学。"

"自闭症的孩子一辈子孤僻怪异，只能离群寡居，难以自立。"

这就好像在21世纪仍然把"同性恋"与"艾滋病"画上等号一样无知。当这些似是而非的刻板印象在公开或私底下纷飞蔓延时，接着就会出现"别让一颗老鼠屎坏了一锅粥"的言论。于是，班级中只要出现比较特殊的孩子影响到其他同学的学习时，总是会有家长群情激愤地要求学校设法处置——通常是要求当事人转班或转学，这样做最快速，也最简单。

别忘了，大人在做，孩子在看。大人看似为了孩子的"正常"学习向学校争取权利，但同时也正在向孩子们示范如何歧视与排挤另一个人。

如果老师恰好也是个因无知而对特殊孩子怀有敌意或不友善态度的大人，那么在家长和老师联手之下，孩子肯定学不到尊重或包容差异，更遑论发挥爱心扶助弱势人群了。

不过，教育现场中更多的是竭尽全力帮助特殊孩子适应学习环境、与班上同学和平共处的老师。他们通过各种机会呼吁孩子看见并尊重差异，体谅特殊孩子的身不由己。

与孩子一起用功，破除迷思与偏见

大人一定得明白，孩子不是一出生就会歧视别人。在孩子的同理心尚未发展成熟时，大人的身教与言传尤其重要。当你总是透露出类似"人不为己，天诛地灭"的观念时，就没资格质问孩子为什么缺乏同理心、校园霸凌为什么如此层出不穷。

做大人的，当孩子向你抱怨班上的特殊同学时，请带着孩子好好地理解这类与我们"不太一样的人"的特质与困境。同时，除了差异，更要看见更多的"共同点"，破除孩子身上可能会有的迷思或偏见。

现在是信息化时代，我们很容易在书籍或网络上找到关于各类特殊孩子身心特质的专业知识。前提是，家长得先用功，别被无知蒙蔽。

当然，孩子受到干扰是不争的事实，你需要与孩子一同讨论，如何与特殊同学和平相处而又不被影响，或做出适当的自我保护。

用实际行动让孩子学会尊重

另外，若孩子的老师是个对特殊际遇的孩子表现友善的大人，请用实际行动支持老师。你可以询问，在协助孩子适应环境的过程中，有什么是可以帮上忙的。老师们的正确作为，很需要家长的鼎力支持，别让老师孤军奋战。

相反，若孩子的老师是个容不下异己、对特殊孩子冷言冷语，甚至有诸多偏见或歧视的大人，也请让他知道，身为家长的我们愿意接纳、包容与尊重那些与大部分孩子身心特质不太一样的孩子——这样的表达会形成一股压力，迫使老师转变态度。当然，若为人师者一再歧视特殊的学生，甚至成为默许霸凌发生的帮凶，那么请别客气，该投诉就投诉吧！

因为，现在会有孩子受伤害，未来也会有；该走的人不应该是孩子，而是坏掉的大人。

大人怎么做，孩子就怎么学；大人愿意表现出尊重，孩子就学会了尊重。即使你没有明说，孩子也能接收到。教育的目的就是要破除盲从，建立正确观念，而不是学到更多的偏见或迷思。

因此，尊重生命多元与差异的教育不能等，从小就该做起。

ᨀ 给家长的话

做大人的，当孩子向你抱怨班上的特殊同学时，请带着孩子好好地理解这类与我们"不太一样的人"的特质与困境。同时，除了差异，更要看见更多的"共同点"，破除孩子身上可能会有的迷思或偏见。我们可以与孩子一起学习，别让无知蒙蔽了判断。

孤注一掷：
你把自己的一切全赌在孩子身上了吗

对很多人而言，养儿育女就像一场豪赌。

这样的故事，我听过很多，相信你也不会感到陌生。那么，问问自己，你愿意赌上你全部的人生，换得孩子走向未来成功快乐的康庄大道吗？

我曾长期投身于青少年工作，目前仍是如此。其间，我遇到过好多对孩子的教养过度用力的家长，倾尽全力付出一切，就是要孩子成龙成凤。对此我完全可以理解，"可怜天下父母心"嘛！

是谁把孩子的人生搞砸了

小时候，学校里有个同学相当优秀，学习成绩顶尖，而且多才多艺，是各项文艺比赛的获奖者。我的成绩也不差，但就是比他差那么一点点，其他方面就不敢多提了。

我们曾经一起补习，所以渐渐熟识。上了初中，那位同学结交了一些不爱念书的朋友。渐渐地，他的成绩退步了，他还学会了抽烟，养成了其他不良习惯，成为让师长头痛的人物。有时在校园里遇到他，不经意会瞥见他的手脚上有一条条的疤痕，他总是笑着说："出去和人打架了！"

有一次，我接到一通电话，是那位同学的父亲打来的。印象中，他的父亲热情健谈，总带着爽朗的笑容，才艺班下课后，总会温暖地问候我。当时，他在电话的那头说："唉！我真羡慕你爸妈，把你教得这么好。不像我儿子，真是让我丢脸极了！可不可以告诉我，该怎么教孩子，他才愿意努力向上？他以前不是这样的……"

我糊涂了！他竟然问一个初中生该如何教养孩子！

"原来你也接到电话了！"与几位同学闲聊时才发现，他的父亲曾轮番找几位成绩比较好的同学讨论，总是焦虑地问着："该怎么教孩子？"

后来，我从别人口中得知，那位同学身上的伤疤并不是和别人打架造成的，而是被恨铁不成钢的父亲毒打后留下的。只是，这位父亲如此用力，却怎么也拉不回那个曾经风光一时的孩子。

谁都看得出来，是这位父亲把自己孩子的人生搞砸了。

孩子的成功就是父母的成功，真是如此吗

如果你正在豪赌，孤注一掷，那么大概也不会意识到，你正在搞砸这一切。许多父母眼中只有孩子，成天不辞辛劳地来回接送、不远千里访求名师、兼好几份差辛苦挣钱、密切关注管控孩子的作息，甚至抢在第一时间为孩子移除成长中的所有阻碍——只期待有一天，孩子能有成就、有出息。

而这个期待，可能是他们毕生最大的愿望。

"我就这么一个孩子，我非得让他出人头地不可！"

"不管付出什么代价，我一定要看着我的孩子成功！"

这些话说得用力又恳切，道出了为人父母者的心声——再苦再拼，也要看着孩子有一番作为。这样的期待无可厚非，然而可怕的是，有些父母正疯狂地把自己一生的成败全都赌在孩子身上。

为什么说"疯狂"？因为在他们内心深处，潜藏着两个牢不可破的信念——连他们自己都没发现或不愿意承认——分别是：

第一，孩子的成功，就是我的成功；孩子的失败，就是我的失败。

第二，孩子所谓的成功只能有一种，就是我内心期待的那一种。

在这样的信念下，我几乎可以预知，这场豪赌的赢面极小。

孩子不可能完全照着父母的期待走

孩子不可能完全照着父母的期待走。

寻求独立自主是每个人成长的基本需求，在孩子心中，也有他们自己对成功的期待。但当孩子企图走上一条与父母的期待不同的道路时，这些孤注一掷的父母是绝对无法允许的——因为那在他们眼里等同于失败，而孩子的失败又等同于父母的失败。眼看着倾尽全力付出的一切就要化为乌有，这怎么行？

与此同时，他们发现自己已年华老去，赔上健康，不再做梦，委屈自己好久了，多年来无条件地付出自己的一切却换来孩子的叛逆或不领情，情何以堪？这些不甘心，逐渐转化为更多的高压控制，或释放出一道又一道的情绪勒索，并诉诸恐惧与罪恶感，要求孩子必须顺从自己的心意。

背负着父母的高度期待又渴望做自己的孩子清楚地知道："大人设法为我打造的人生，并不是我想过的人生。"于是，他们为了争取自己人生的主导权，会表现出许多对抗的行为，亲子冲突一触即发；或者，父母与孩子之间，逐渐形成了一道谁也跨不过的高墙。

有些孩子不忍父母无怨无悔地付出，选择听话长成父母期待中的模样，却要一辈子压抑自己的理想或心愿，终生都不快乐。这种情况对父母而言是成功了，孩子却无法获得真正的幸福。

除了是孩子的父母，你还是自己的主人

如果你把一生的成败全都赌在孩子身上，风险是很高的。因为，孩子是与你不同的个体，不可能复制你所有的观念或梦想，也不会完全照着你的期待走。最后，你会发现自己的长期牺牲什么也没换到，甚至落得亲子关系恶劣的下场——到那时，你已一无所有。

不是要你对孩子不闻不问，也不是要你对他们完全没有期待，而是当你进入父亲或母亲的角色后，必须记得：也许孩子占据了生活中很大的部分，但他终究不是你人生的全部。你还是一个配偶，是一个子女，是一个工作者，是一位公民……你身兼许多角色，正等着你去维护、去经营。

最重要的是，你是你自己人生的主人，你不能为了孩子失去自己。你得照顾自己的情绪，关注自己的健康，发展自己的事业，管理自己的财务，经营自己的人际关系，以及怀抱着自己人生的梦想并能不忘初衷地去实现。

如此，不管孩子是否如你预期般成长、发展成什么模样，你都能拥有自己的独立与成就，拥有自己人生快乐的源泉，而不是把希望全部寄托在孩子身上，期待孩子照顾你的人生。

别把养儿育女当成人生的一场豪赌，否则，大概率会赔得很惨。

ᗌᗎ 给家长的话

当你进入父亲或母亲的角色后，必须记得：也许孩子占据了生活中很大的部分，但他终究不是你人生的全部。最重要的是，你是你自己人生的主人，你不能为了孩子失去自己。

不想让孩子走偏，孩子却越走越偏？

过去我还在学校服务时，常处理一些亲子关系冲突的问题。遇到这种情况，必须请家长来学校，和孩子一块儿接受谈话。许多家长来到学校，一看见孩子就劈头数落，顾不得还有老师在一旁。而孩子多半不理不睬，任凭家长骂个不停。

有一次谈话结束后，到访的母亲与孩子一同走出辅导室。母亲准备打道回府，孩子则要回教室上课。母亲坚持要孩子跟我说"谢谢"，孩子不理她，看都不看她一眼。于是这位母亲一个箭步抓住他："我说，你也跟老师说声谢谢嘛！"孩子依旧没搭理。

"你这是什么态度？快跟老师说声谢谢，快说，快说！"母亲抬高音调，孩子继续往外走。"你很奇怪啊！说个谢谢会死吗？怎么会变成这样……气死我了！"母亲继续对着孩子噼里啪啦骂了一大串。

我瞬间感到很窒息。

其实，这个孩子与我关系颇好，平时见了我都会打招呼，说声"谢谢"对他来讲根本不难。只是当着妈妈的面他不想说，说了就表示他向妈妈妥协了，所以他才不理会他妈妈的要求，消极对抗。其实对我而言，这声"谢谢"根本不重要。

我在学校经常看到孩子与家长互动时相当真实的一面。许多家长没有意识到，自己一直在用无效的沟通方式与孩子互动，然后又坚持让孩子照着他们的意思做，如此一来，孩子们当然会摆脸色给父母看！

我只是不想让他走偏了

在一次与家长的会谈中，一位母亲告诉我："我也不想这样一直唠叨、一直管，我只是不想让他走偏了。"

这是许多父母常告诉我的心底话，这句话让我思考许久。父母的本意是良善的，然而，究竟是什么让孩子越走越偏，又让父母因此越说越多，越管越紧？

不让孩子走偏，应该是父母给孩子一个"合理空间"，在这个空间里，孩子如何发展、表现都是可以被接受的，只要不"走偏"就好。然而，就我长期的观察来看，许多父母避免孩子走偏的做法，往往是要孩子走在他们期待的路上，而非一个可以有机会伸展的范围。

那条由父母刻画好的路线，是唯一的路，孩子没的选，而且那条路窄得很，只有一种走法。也就是说，孩子得活成父母所期待的样子，不容许出半点差错。

然后，父母扮成"纠察队"，严密监控孩子的一举一动。孩子稍有一点点越界，"哔！不行！"有点不对劲，"哔！犯规！"孩子不能有半点自己的主张，还要动辄被埋怨，随时被挑毛病，甚至被大说特说一番。

父母以这种态度教养孩子时，便容易习惯性地找寻孩子做得不够好的地方——这是一种无法信任孩子的表现。你内心无法信任孩子时，就会不断地找到孩子不能被你信任的证据。

基于此，你就会一直跟在孩子身后，看着他、管着他，无止境地数落他的缺点，无时无刻不批评他哪里要改进、哪里做得不够好。这是一种令人感到窒息的沟通方式，就好像一支又一支的利箭连番射向孩子——只要是亲子相见的场合，就不会停止发射。

没有两个人是一样的

许多父母不自觉地想把孩子打造成他们心目中的理想样貌，而理想样貌又只有一种，没有其他选择。所有偏离这种样貌的形象，哪怕只是差了一毫厘，在父母心中就是不合格。

我们都知道，没有两个人是一模一样的，即使是双胞胎，也不可能完全一样。每个人出生后就带着自己特有的天性与气质在生活。如果家长心中设定孩子成长的样貌只有一种，那么孩子不管多么辛苦地去迎合这种样貌，都难以完全做到，也就永远无法获得父母的肯定。

当孩子发现自己怎么做都不对，还不时会"中箭"时，就会干脆放弃迎合父母的期待，大胆走自己的路！特别是处于青春期的孩子，正想拿回人生的主导权，所作所为也就会偏离父母心中的"标准轨道"更远了。

错把控制当引导

父母见孩子怎么拉都拉不回来，只好放弃原有的标准，放宽所谓"不走偏"的定义，向孩子妥协，终究是给孩子一个比较大的空间了。

然而，即使如此，孩子还是没有安分地留在父母"恩赐"的空间里成长，硬要走一条与父母意愿相左的路，甚至出现种种让人无法接受的偏差行为。

许多父母哭诉，难道自己为孩子做得还不够吗？

一天到晚盯着孩子，为孩子从小安排许多优质的学习与休闲活动，也为孩子牺牲了休息和娱乐的时间，费了好大的劲，孩子却越走越偏，到底哪里出了错？

其实，一开始便为孩子设定好一条所谓理想的道路，要孩子照着走，本身就是一种错误。哪怕做了再多的安排，费了再大的苦心，以为这些是在"引导"孩子茁壮成长，事实上也只是在"控制"孩子的人生。

我时常提醒家长"引导"与"控制"的不同。"引导"是永远给对方更多的选择，相信他能为自己做出最好的决定；而"控制"则是拿走对方的选择，不相信对方有能力自己做决定。

当孩子只能选择父母要求的那条路，只能长成父母期待的样貌时，父母无论付出了什么，都是在控制，而不是引导。许多家长请求老师协助把孩子导向"正途"，那也是一种控制的手段。

即使放宽了标准，给出了空间，让孩子不用按照原先设定的样貌成长，如果与孩子互动时的沟通方式没变，那么孩子仍然不会理睬！

如果父母惯用的是指责性的沟通模式，开口闭口都是找缺点，数落孩子哪里没做好，对孩子射出一支又一支批判的冷箭，那么孩子只会感到自己一无是处、一文不值。既然怎么做都无法让父母闭上数落的嘴，孩子就会当作没听到，更加我行我素，甚至做出与父母期待大相径庭的事情。

孩子终究会照着父母内心所"相信"的样子活

父母是对孩子影响最深的人。

尽管孩子尽一切可能，想逃离父母预设的道路，不想活在父母的唯一期待下，但是，孩子终究是会照着父母内心的盼望而活的。这听起来矛盾，却是有其道理的。

当孩子出现了偏差行为、惹祸上身时，就印证了父母当初认为"这孩子不能被信任"的观念。如果孩子从小被父母看到的都是缺点，他也会在接下来的人生中，通过各种方式持续地让别人看到他的缺点，受到他人的批评与贬抑——孩子无意识地复制与承接了在原生家庭中与父母互动的方式。

于是，父母内心对孩子的预言，都一一实现了！

用支持与赞赏灌溉孩子的内心

亲爱的家长，为什么你煞费苦心要让孩子走在正轨上，孩子却越走越偏？

因为你只为孩子留了一条路，拿走了他其他可能的选择，而生命总会为自己找到出路。你总是带着只看得到缺点的眼光注视着孩子，费力找到孩子做得不够好的地方，找到一个就射出一支箭，有几个人受得了这样的乱箭攻击呢？

不想让孩子走偏，不代表就得要求孩子完全照着父母的意愿活。在孩子成长的过程中，自有其会长成的样貌，这不是谁可以控制或左右的。孩子需要的，只是父母的支持与肯定。父母用支持与赞赏作为养分灌溉的孩子，内心世界自然是丰盛富足的，也会充盈着满满的爱与信心，又怎么会走偏呢？

∽ 给家长的话

　　一开始便为孩子设定好一条所谓理想的道路，要孩子照着走，本身就是一种错误。做了再多的安排，费了再大的苦心，以为这些是在"引导"孩子茁壮成长，事实上只是在"控制"孩子的人生。

Part 6

关照自己，做不焦虑的父母

陪伴一个人，若只是一味付出，迟早会被掏空。身为大人，总是想给孩子最好的，但孩子像一面镜子，让我们赤裸裸地照见自己，无所遁形。此刻，若我们愿意带着自觉，在僵局中看见自己的困境，承认自己的局限，理解自己的感受，反思自己期待的来源，进而调整自己，我们在陪伴中也会获得滋养，给出的陪伴将会更有品质。因为，真正健康的关系，是彼此都能从中获益与成长。

给常感自责的你：
你最该把同理心用在自己身上

你是否是那种在人际互动中时常出现自责、内疚或对他人感到抱歉的人？这样的人总会把别人照顾得很好，但内心常累积很多委屈。

大学时期，我的一位同学是个"道歉大王"，不管发生什么事情，她总是不断夸张地道歉。不管错在谁身上，只要有人感觉不舒服，或者团体的气氛不太好，她就会连说好几声"对不起"。

有一次我问她，明明错不在她，或者不关她的事，为什么她总是要先道歉。她竟面带愁容地对着我说："对不起，对不起！我一直道歉让你感到不舒服了吗？"

在《论语》中，曾子要我们"吾日三省吾身"，时常在生活中提醒自己：是否有什么事没做好？我那位同学不只每日三省，而是无时无刻不在自我检讨中度过。过着自省的生活是很好，但若过度自省，就会很辛苦了！

过度承担，认为"为别人受苦"是应该的

这种连一点小事也要指责自己的人，容易自我检讨并且生自己的气。因为时常拿着放大镜检视自己的缺点，会很快地将任何人的不舒服都归咎在自己身上，认为一切都是自己造成的，过度承担了别人的痛苦。

由于总是过度体贴，他们常把别人放在比自己还要优先的位置去关照，因此忽略了自己的身心需求，甚至认为"为别人受苦"是应该的；然而，又因为无法让别人感到舒适自在，而常常气恼人际关系中的自己。

当我们每天花大部分的心力照顾他人的情绪感受，检讨自己的错误并怪罪自己没做好时，很快就会感到精疲力竭。此刻，看到那个身心俱疲的自己好像成了他人的麻烦，内心便又责怪起自己。久而久之，便会累积无穷的委屈："我对你们付出了这么多，为什么没人在意我的心情？"但性格本身不允许自己这么想，于是自我责备的声音又在耳边响起。

身为孩子的照顾者，你当然常感到疲惫不堪，因为你把精力全花在自我检讨与对人过度付出上了。如此，不一定能真正为他人带来帮助，还苦了自己。

当把同理心用在寻找自我责备的证据时

其实，有高度自省能力且时常陷入自责的人，总有着无比强大的换位思考能力，擅长从别人的观点来看待事情；同时，也很容易对他人的情绪感同身受。他们总能细微地察觉他人身上情绪起伏的蛛丝马迹，揣测对方的内在世界，接着，会把对方的情感状态与自己的行为相联结，认为："都是我的错！""该不会是我造成的吧？"认定自己该为他人的坏心情负责。

这种异于常人的同理能力，让他们能够把人际相处中的每个人都照顾妥当。看到每个人都舒适自在，他们便开心满足了！

同理心是一种对他人情绪感受与内在想法能深度体察并感同身受的能力。然而，能够敏锐地站在他人的角度思考与感受，不一定代表这份同理是精准无误的。事实上，一个时常自责的人，总会把同理心用在寻找他人的难过、生气、焦躁与无力等负面情绪上，同时试图与自己的言行失误联系起来。也就是说，他们只不过是利用同理心在找寻诸如"我搞砸了！""都是我的错！"这种自责心态的证据。

邀请"当下的我"去同理"当时的我"

"对！对！对！我就是这样子的人！"不知道多少次，课堂上的学员或会谈室里的拜访者都点头如捣蒜地认同我的说法。接着，他们会问我："那我该怎么办？"

如果拥有敏锐的同理心是这些人与生俱来的强大优势，那么就不应该浪费！

我常引导他们："如果跳脱出自己，面对你'这个人'，是否能够对自己的内在感同身受？"也就是说，我要他们试着把同理心用在自己身上。

实际操作时，我会引导他们想起一个自我责怪的情境，重新去体验当时的经历与感受。接着，想象自己慢慢退出自己的本体，来到自己本体的前方。此刻，这里会有两个自己：一个是"自责中的自己"，也就是"当时的我"；另一个是"此刻的自己"，也就是"当下的我"。

请"当下的我"去同理那个"当时的我"，深度理解"当时的我"内心的感受与想法，练习体察自己的内在感受，是否带着害怕、恐惧、焦虑、愤怒、委屈……这些情绪是怎么来的？是来自造成他人困扰的内疚，还是来自担心不被他人喜欢与接纳的困窘，或者是来自更早时候无法获得父母认同的挫败？……

有些人在进行这项练习时，会流下心疼自己的眼泪，并发现自己需要多留心照顾自己。

你或许不用进入得这么深，只要多理解自己并关照自己的心情，时常给自己一个温暖的拥抱即可。

将同理心朝向自己，便是与自己联结

我们不必立刻停止过度承担他人的痛苦与自责，只需要在每一次自我检讨与自我怪罪时，多拨一点同理心放在自己身上。

事实上，同理心的展现正是一种与他人联结的意图。时常感到自责的人，总是努力与他人保持联结，却忽略了与自己的联结，同时也拒绝别人与自己联结。这不是很矛盾吗？当别人对他们施以关怀时，他们往往会说："不、不、不！我没事。不好意思让你担心了！"而拒绝别人的理解。

因此，把同理心放在自己身上，便是与自己联结。一个人在困境中若能感受到被理解，是多么幸福的事情呀！如果你还不愿意被他人接近与理解，那么，试着自己理解自己吧！当接受了被理解、习惯了被理解，或许你也能渐渐敞开心胸，迎接他人的关心与同理。

尤其当你是一个照顾者时，常需要发挥同理心去关怀你的孩子、学生或服务对象，但别忘了，你也是一个人，一个活生生的人，疲惫的心情也需要被稳稳接住。在精疲力竭之下给出的陪伴通常质量不高，唯有愿意敞开自己，被自己与他人理解，你才有能力去理解他人、滋养他人。

⌒〜 给家长的话

请"当下的我"去同理那个"当时的我"，深度理解"当时的我"内心的感受与想法，练习体察自己的内在感受，是否带着害怕、恐惧、焦虑、愤怒、委屈……这些情绪是怎么来的？是否与我的成长经验有关？

为什么我总是受不了那些幼稚的孩子

美安是初中的英文老师，已经有二十年的教龄，却还是对班级管理感到力不从心。一个偶然的机会，我们聊了几句。

"我带过几届学生，总觉得有些孩子让我特别头痛。照理说，随着教龄增长，应该更得心应手才是，但我仍然对孩子们层出不穷的问题无力招架。我想，或许不是孩子难教，而是我自己有问题。"

美安老师是个对教学工作十分投入、对自我要求极高的人，即使已经资深，该坚持的也绝不马虎。从她的一番话里，我感觉得出来，她亟欲寻求突破。

我请她描述班级中一个令她头痛的场景，她说：

"上课时，常会有几位同学发出怪声、起哄、胡乱响应，干扰上课秩序，我总是苦口婆心地劝说。规劝了一个，另一个人又作怪，劝阻了另一个，又有下一个。我忙着一一处理，不时抬高嗓门维持秩序，班上的其他同学则好像在看戏，课堂秩序总是一团乱。"

"这些孩子都不坏，但出了课堂也是大小问题不断，辅导半天也没成效！我实在不懂，都上初中了，怎么还是如此幼稚呢？"

美安老师曾请教过前辈及同事，她说："很多老师都热心地为我提供一些方法，我也觉得不错，但还是觉得使不上力呀！"

"是因为理智线断了吧？"我笑着说，"一旦理智线断了，人就只会用那个最惯常也最无效的方式去应对困境，也就是'走老路'。"

我们的情绪应对模式，都来自成长经历

我知道，许多老师或家长面对孩子一再发生的越矩行为，总是用怒吼或责备的方式应对，明知无效却又无法跳脱，因为那是条"老路"。他们不是没有其他选择，而是在大脑被愤怒情绪挟持时，往往限制了个人判断与选择的空间："那就走老路吧！"

而我们的情绪应对模式又往往与家庭及成长经历有关。聊到美安老师的原生家庭，她回忆起母亲是个坚强又充满韧性的女性——当初嫁给父亲是听从家人的安排，本来就心有不甘，怎知另一半还是一个游手好闲、嗜赌如命的败家子，散尽家财，负债累累。母亲一人辛苦挣钱，撑起半边天，帮忙还债，把三个孩子拉扯大。

美安老师是家里的老大。母亲对孩子的要求严格，而她从

小就是个循规蹈矩的孩子，乖巧听话，用心向学，从不需要母亲操心。

"对父亲的感觉呢？"我问。

"印象中，父亲常不在家，偶尔回来，总是带着浓浓的酒气。父亲对我们蛮好的，出手大方，常会买礼物回来。但我母亲说，那是父亲为了笼络我们的感情才做的。我对父亲的印象不深，都是从母亲那边得来的。在母亲眼里，父亲就是一个不负责任的人，因此，我对他的印象也没多好。"

那些你憎恶、回避的，将是你一辈子的功课

如果你问我家庭对一个人的影响有多大，我会告诉你，大到不可思议！但一般人难以自觉。

我从对话中渐渐理解，美安老师这辈子一直在努力的就是活出母亲期待的样子，她在不知不觉中复制了母亲那严谨、高度自制与自我要求的性格。另一方面，她也极力排斥另一个样子——来自父亲的无所事事、不负责任、随性任性，还会为别人带来麻烦的形象。

我问她："如果请你用一个词来形容父亲，会是什么？"

"幼稚吧！"她几乎不假思索地脱口而出。

我点点头："我注意到，提到班上那几位爱胡闹的同学时，

你用的也是相同的形容词。"

美安老师睁大了眼，若有所思地说："啊……好像真是如此……"

幼稚，是一种未能成熟的样貌。对美安老师而言，父亲一直以来都有着不成熟的大人的形象——屡屡出乱子，需要身旁的人为他善后、擦屁股。而那个付出最多的人，就是她的母亲。

"看起来，你似乎在那些不知分寸的孩子身上看到了父亲的样子。"

"我好像有点懂了，为什么我如此受不了那些孩子，特别是他们表现出幼稚的一面时。"美安老师脸上露出了恍然大悟的神情，"这可是点中了我的死穴呀！"

不论是来自成长过程中的观察还是母亲的言语描述，美安老师不自觉地在心里否定了父亲的人格。人生中最有趣的事情之一便是那些你憎恶、回避与最不愿意接受的部分总会在生活中以各种形式的挑战反复出现，就像你的功课一样，逼着你去面对与学习。

"而面对与处理这些孩子的方式，会不会也有如你的母亲'上身'一般？"

美安老师笑了出来："哈！坐我对面的一位数学老师，他处理学生问题时总是不急不躁。他一直不懂我为什么会忙成这样，我也不懂他为什么可以如此沉着、稳重。"

"是疲于奔命的感觉吧？"我说。

美安老师用力地点点头："疲于奔命，对！就是这种感觉！"

"这也是你母亲年轻时多数时间的感觉。认同母亲，也不自觉地承接了母亲的思维与感受，于是你总是高度自我要求，却又忙碌不堪。不只是在学校里、在家里，面对孩子或另一半时，也是如此吧？"

她确实觉得自己每天都像上战场，疲于奔命。那天，我们还聊了很多，她说："或许，是该为自己做点不同的事情了。"

我很欣赏美安老师高度自我觉察的意愿。一位老师要能做到这样，真是不容易。我们在教养孩子或教育学生的问题上遭遇的瓶颈，正是在提醒我们要回头反思自己的人生经历，带着觉知持续改变。否则，我们永远只会在理智线断裂时，死守着无效的教养方式，同时一再抱怨："现在的孩子很难教！"

通过对原生家庭生活经验的探索，往往能帮助一个人洞悉那些反复出现的行为模式是如何受到父母或家庭成员的影响的。

看懂了，就要设法跳脱，而不是回避，更不是毫不招架地继续受到家庭行为模式的摆布。我们要在内心接纳这一切，带着尊重去看待它们，也需要真切地知道："我可以不用重复那些无效的情感或行为模式，我是有选择的！"

改变的路总是很漫长，但只要我们愿意带着觉知前行，大人改变了，孩子就会改变！

⌒⊃ 给家长的话

我们在与孩子互动时遭遇的瓶颈，正是在提醒我们要回头反思自己的人生经历，带着觉知持续改变。看懂了，就要设法跳脱，而不是回避或任其摆布。我们要在内心接纳这一切，带着尊重去看待它们，并且真切地知道"自己是有其他选择的"。

当照顾者没心力善待自己时，该怎么办

我是个心理咨询师，也是助人工作者。在助人领域，我们总会互相提醒要"自我照顾"。这是有道理的，如果你都不能把自己照顾好，又如何为客户提供有质量的服务呢？人是给不出自己身上没有的东西的。修身、齐家、治国、平天下，先把自己搞定，才能搞定别人。

我在许多演讲或文章中，也不断向有照顾者身份的人这么呼吁，比如家长、教师、慢性病患的家属，或身心健康照护从业者等。

但这个论点本身存在着一个矛盾，那就是：光照顾其他人就忙到身心俱疲了，哪来的时间或心力"对自己好一点"？

但如果不能适时善待自己，就无法为他人提供有质量的照顾服务呀！

现实生活中的"自我照顾"很难吗

"我连睡觉的时间都没有了，哪还敢去想做自己想做的事情！"一个为新生儿头痛的母亲这么说。

"如果不是房贷压力这么重，我何必打这么多份工？我也想休息，或者抽空去运动呀！"一个肩负家庭经济重担的父亲这么说。

"我连书都读不完，怎么能早点去睡？但没睡饱，读书更没精神！"一个面临大考的孩子这么说。

"我连午饭都不一定有时间吃，哪还想得到其他？总得先把眼前的客户都安顿好吧！"一家机构的心理咨询师这么说。

我曾听过不少人如此抱怨，而当我为人父之后，这种体会更深，更能感同身受这种矛盾了。

说得也是！我们都知道，睡饱、运动、作息正常、发展爱好以及人际联结很重要，只有善待自己，才有力量照顾他人。但眼前的工作已经压得人喘不过气来了，哪里还有多余的心力去"自我照顾"？

这是个鸡生蛋、蛋生鸡的问题。我曾听过一个因长期照顾家中慢性病患长辈而无法获得喘息的人这么说："别再叫我先照顾好自己了！"仿佛"自我照顾"这个提醒在他看来只是个不食人间烟火的空泛口号。

降低标准，保留体力，路才走得远

尽管如此，我还是认为"自我照顾"是很重要的，只有先善待自己，才有心力善待别人。助人者若没有适当休息或排解压力，很容易就会陷入专业素养枯竭的境地。一个家长若每天睡不饱、心情沮丧，就容易在不经意间通过语言或肢体伤害孩子的身心健康。

如果你无法偶尔放下工作去旅行、逛街、参加成长课程，甚至连抽点空去运动、阅读、静坐或品尝美食都做不到的话，那么，我们得改变"自我照顾"的定义——那就是做点简单的小事，让自己的身心状态好一点。而你首先要学习的功课就是降低自我要求的标准。

很多时候，我们为他人忙到无法关照自己——不是真的没时间，不是真的没心力，而是我们有着超高的责任感，对本分有着近乎完美的自我要求。你会说："我才没有！"但事实就是有。

高度自我要求的人常会说自己"做得还不够好""没有尽全力"以及"还可以再多做一些"，所以，这些人的标准往往高得惊人。因此，你最需要的是降低自我要求的标准——不求完美，够好即可。

简单而言，如果做到完美是一百分，六十分是及格分，就帮自己设定七十分这个过关门槛吧！也就是比及格好一点点，不至于让自己看不下去，但也能维持最基本的照顾质量。

当"罪恶感"来敲门

要想降低自我要求的标准，得先过了"罪恶感"这一关。

当你没办法如往昔一般做得尽善尽美时，藏在心中的罪恶感便会日渐显露，逼得你回头把事情做好再休息。你明知根本没有"做好"的一天，但还是屈服了。

应对罪恶感之道，便是通过自我肯定来见证自己的美好。请大方地欣赏自己的努力、付出与坚持，同时，看见你照顾的对象因为你的服务与协助而有些小小的进展，或至少没有变得更糟（或没有糟得更快）。于是，你便能微笑着对罪恶感说："不送，慢走！"

借助众人的力量好过独自苦撑

没时间善待自己的人，通常不太懂得把责任分出去，甚至会抢着独自完成任务，不允许别人插手。你需要学习将部分责任交由其他人承担，而非由你一肩扛起。当只有你独自付出时，其他人自然袖手旁观，你只会负荷更重。一旦出问题，大家就会把矛头指向你，你只能无语问苍天了！

别不好意思开口请人协助，也请修正那种"舍我其谁"或"非我不可"的自恋心态，你需要让系统中其他人也有点事情做。

直接指派任务、请求适当的人协助适当的工作、和其他人轮值，甚至让更多外部资源进入系统，都是可行的做法。

　　每当我因"对付"我女儿而濒临崩溃时，我太太就会很快过来接手；而当我太太的耐心快被孩子磨光时，我就会抱过女儿，请太太到一边去休息。"知道有人会支持"本身就是一种力量，让人稳定，让人安心。

不在意做不到"自我照顾"就是自我照顾

　　最后一个降低自我要求的途径，就是别太在意做不到"自我照顾"。

　　放过自己吧！虽然一直没有好好照顾自己，你还不是照样撑过来了？如果确定了一个要"照顾好自己"的标准，但又始终做不到，你只会感到更加心力交瘁，罪恶感又要跑出来敲你的心门了。

　　我们都知道，过大的压力会伤害身心健康。但是，真正影响压力如何作用在我们身心健康上的，往往不是压力本身，而是我们对压力的看法。当你觉得压力对人有致命的影响时，压力对一个人身心伤害的风险便会提高。

　　同样，当你为了做不到"自我照顾"而忧心忡忡时，"自我照顾"这项一直尚待完成的任务便可能成为压垮骆驼的最后一根稻草。

老实说，看着自己没能好好善待自己，却能够这样一天又一天地撑过来，就很值得赞叹自己的努力了。而这个过程本身就很疗愈人心，或许也是一种另类的自我照顾吧！

∽ 给家长的话

改变"自我照顾"的定义，做点简单的小事让自己的身心状态好一点，首先便是降低自我要求的标准，包括做到及格就好、肯定自己的付出、向外求援，以及别太在意无法自我照顾。

情绪失控正在摧毁
你苦心经营的家庭关系吗

你是两个孩子的父亲，现在是晚上八点多，你又加班了。

拖着疲惫的身躯回到家里，一进门，你看见孩子正躺在沙发上，目不转睛地盯着电视。你向孩子打了声招呼，问他"吃饭了吗""洗澡了吗""功课做了吗"……孩子发出"嗯"的一声回应。

你皱起眉头："'嗯'是有还是没有？爸爸在跟你说话呢！"你的音量提高了一些。孩子继续盯着电视，心不在焉：

"有啊！等一下就会去啦！"

一股无名怒火从胸中燃起，胃肠搅动，你扯开嗓门，大声怒吼："有就有，没有就没有！跟你说话也不好好说，只顾着看电视，到底有没有把你爸放在眼里呀？

"还有，都八点多了还一直看电视，还不赶快去念书？！每天都这样，爱玩打诨，功课一塌糊涂，到底怎么搞的……"你继续喷火。

"啪"的一声，孩子放下电视遥控器，走进房里，关起房门。

你愣住了！回想方才与孩子互动的片刻，你知道你的情绪失控了——口出恶言、辱骂孩子。你有些后悔，罪恶感慢慢浮现："我怎么就是控制不住自己的脾气呢？"

被伤得最深的，往往是我们最爱的家人

这是每个努力自我成长、亟欲改善亲子关系的家长常会遇到的。不是你控制不住自己的脾气，事实上你已经够努力了。

只是，当我们的身心状态濒临失控时，常会因为一点点微小的刺激，情绪爆发。也就是说，我们的现状与情绪失控之间，常常就只差临门一脚的距离，但我们不一定能察觉到。而那些微小的刺激往往来自最亲近的人的某些行为、话语或态度，轻轻一戳，火山就会喷发。

许多父亲在外温文儒雅、平易近人，回到家里，与孩子说不到两句话便怒火中烧，露出魔鬼般的狰狞面貌，自己照镜子都会吓到；有些母亲，面对孩子不听话、闹脾气还可以耐得住性子，但另一半在一旁唠叨时，她就要爆发了。

情绪失控最常发生在家庭中——伴侣之间、亲子之间，以及与长辈互动时。是什么让我们不自觉地时常处在情绪失控的边缘呢？

日常生活的压力把人推往情绪失控

大多数人都带着平稳的身心状态开启一天的活动，但日常生活中的零碎琐事——忙不完的工作行程、无趣又耗力的人际互动、失序的突发状况等——正慢慢把一个人推到情绪失控的边缘。

不止这些！还有一些需要长期面对而无法立刻解决的生活压力，像婚姻危机、亲子冲突、家人病痛、经济困难……还有对生活环境中的污染、交通、治安、政治等方面乱象的担忧与不满，恼人的问题层出不穷，也把我们持续推向情绪失控的那一端。

只是，你知道你还没有失控，一切都在自己的掌握中，你还承受得住。

对！你觉得还可以承受，直到有人使出临门一脚，"嘭"的一声射门成功，你失控了！而这通常是在你忙了一整天，身心俱疲地回到家里，与家人互动时会发生的状况。

成长经历让人不自主地用惯性模式来应对愤怒

情绪失控的另一个来源，是我们的成长经历。

回想在原生家庭中与父母及手足的互动，当你遭遇挫败或生气时，是否习惯通过怒吼叱喝的激烈方式来表达情绪，并能收到一些效果？或者，家中的长辈是否常在不顺心或孩子不听话时高声辱骂甚至暴力相向，而你不知不觉学习到了这样的情绪应对模式？

面对家人，我们总有着矛盾的情感。当一整天心神耗尽时，便可能把满肚子的委屈、苦闷，以及压抑已久的愤怒全都倒在家人身上。于是，我们总是伤害我们最爱的人，然后又后悔不已。

你立志要成为情绪稳定的家长，一旦破功，便可能自暴自弃地告诉自己："情绪管控根本没有用，我做不到！"于是更放任自己高涨的情绪横流。另一种可能是，情绪失控过后，内心生出自责与懊恼："我怎么就是做不到？"这又成了新的压力源，让你持续处在情绪失控的边缘。

停下来，选择走一条不同的路

一旦知道自己有这样的问题，就要学习去辨认反复发生在自己及家人身上的情绪失控模式，并在当下采取不同的应对方式。

辨认自己身心状态的最好途径就是觉察自己的生理反应，包括呼吸、心跳、肌肉状态、体温以及本体的感受等。你会知道，即将失控时，身体上的感觉和平稳宁静时是不一样的。练习让身体成为提醒你身心状态的信号源，感受它，并且听见它传递出来的声音。

另外就是改变惯性，也就是做点不一样的事情，选择走一条不同的路，去阻断这一系列自动化的情绪反应模式。例如，你明知道每天回到家看到孩子看电视或玩手机就会上演怒吼的戏码，那么，你可以选择进家门后直接去洗澡，或者做点能让自己放松心情的事情，之后再与孩子互动。将既有的程序调整一下，或许就能避免又一次情绪失控的灾难了。

神队友及时补位，扮演情绪救援的角色

最后，承认吧！你很难不情绪失控。面对家庭问题，打团体战才是上策。当另一半已经面红耳赤、额暴青筋时，你是否闲在一旁看好戏呢？

当你发现另一半在处理孩子的问题时就快要情绪失控了，请温柔地过去带他到一旁休息，由你来接着处理；而当你发现自己快要崩溃时，也请立刻退出与孩子的互动，让另一半接手。

这就是互相补位的概念。

双亲要成为彼此的神队友，指责与纠正是最不需要的。取而代之的，是温暖的关怀，以及充满爱的眼神交流。

∽ 给家长的话

　　我们要学习去辨认反复发生在自己及家人身上的情绪失控模式，并在当下采取不同的应对方式。辨认自己身心状态的最好途径就是觉察自己的生理反应，包括呼吸、心跳、肌肉状态、体温以及本体的感受等，听见它们传递出来的声音。接着，有意识地改变惯性，做点不同的事，选择走一条不同的路。

在觉察中反思，
情绪总在提醒我们一些事

以前在学校服务时，同事之间总是互相打趣说，上辈子肯定太调皮，这辈子才会来当老师修炼，每天暴怒个两三回是家常便饭。而当了父母，才发现随时随地都可能理智断线。

谁不想当个优雅的老师？谁不想成为和蔼的父母？但是，谁又能在面对不听话的孩子时保有完整的理智？

我们都知道，大人的暴怒不仅无法处理好孩子的问题，甚至会造成孩子的心理创伤。但越是要自己不生气，就越会陷入生气与自责的无限循环：生气→自责→更生气→更自责……

想打破这个循环，唯一的途径是加强觉察，让觉察为自动化的情绪与行为反应争取缓冲的空间，甚至调整面对困难情境时反应的方式——从对孩子恶言相向到能够有效表达。

口不择言，但我就是控制不住呀！

前阵子，有一位母亲在父母成长班中分享说，每当孩子使用手机的时间到了，要求孩子收起手机时，孩子总会一拖再拖："再玩一下就好啦！"

几回合之后，她便不耐地呵斥："到底要说几次才听得懂！怎么这么不懂事呢？都这么大了，难道不能自觉一点吗？真不知道该拿你怎么办才好！"

孩子嘟着嘴回应："好啦！不玩就不玩！干吗那么凶？"

"我凶你，不对吗？我是你妈，你这是什么态度？"

"好啦！我不玩就是了呀！这不是收起来了吗？"

"这么不情愿！你以为我很喜欢三催四请吗？我每天累得半死，结果你也不成熟一点，一定要惹我生气才行……"

这样的对话戏码经常上演，令她疲惫不堪。她的分享令在场的家长深感共鸣，频频点头。她接着说："不过，我觉得很后悔呀！对孩子大吼大叫根本不能解决问题。我觉得自己像个疯婆子，但就是控制不住呀！"

向内探寻，找出触动情绪的源头

"当时，你有哪些情绪感受？"我请她用情绪形容词描述出来：生气、烦闷、焦躁、无力、委屈……

"哪一个是感受最强烈的情绪？"

"嗯……是无力吧！"她想了想，接着说。

"是什么让你感到无力呢？"

"怎么说孩子都说不听！"

"还有呢？"

她边思索，边说出各种引发情绪反应的可能来源：

"我觉得我不是个有效率的妈妈。"

"我很担心孩子会沉迷网络。"

"我对孩子的事情越来越无能为力了。"

"我还有好多事要忙，我觉得好累。"

"为什么我老公都不帮忙，就我一个人孤军奋战？"

说到这里，她停住了，泪水流了下来。

"这种无力的情绪，好像正在诉说一些事情呢！"我深表理解地说，"会不会一直以来，你对孩子力不从心是因为始终没有感受到另一半的支持？所以当对孩子勃然大怒时，你真正生气的，其实是老公的态度？"

她点点头："没错！我老公总是在一旁不闻不问，这一点最令我火大！"

孩子不遵守手机使用时间的规范，让母亲生出无力感，而她心里长期介意的另一半冷漠的态度，又把这份无力感化作愤怒，爆发在孩子身上。非但孩子的问题没处理好，还进一步破坏了亲子关系，心中则累积了对另一半更多的怨念。

听懂情绪对你说的话

事实上，所有的情绪都是有功能的，情绪的存在就是要提醒我们一些事情，就看我们是否能听懂了。我问这位母亲："那么，这个情绪要提醒的是什么呢？"

"我想，我得找我老公好好谈谈！"她笑着说。

现场响起了一阵会心的笑声，似乎深有同感。

日常生活中能引发我们情绪反应的情境非常多，这些情绪反应的背后，其实藏着更深的不满或痛苦，像在关系中感到不平衡、未能得到尊重、主导权被侵犯、感受不到爱、缺乏归属感、期待落空、失去信心，或者对身心失去掌控等。

总之，情绪不一定与当下的情境有直接联系。举凡想要的得不到、痛苦的甩不掉、得到的怕失去，这些状态都会引发我们的情绪困扰。如果我们未经觉察，很容易就把力气放在错误的地方，不是怪罪别人，就是自我责备——为心情不好找个罪魁祸首很简单。这样一来我们就不需要再耗神厘清问题了，只是问题依然没能得到解决，而且会制造出其他麻烦，令我们继续活在痛苦之中。

通过自我对话来觉察与反思

所谓觉察，就是"明确地知道自己怎么了"。我们通常可以通过一系列的自我对话练习来提高觉察力，而关于情绪的觉察，可以对自己提出以下五个问题：

1. 发生了什么事？（对引发情绪的情境做客观的事实描述。）

2. 这件事引发了我哪些情绪感受？（用情绪形容词说出自己的情绪感受。）

3. 最强烈的情绪感受是哪一个？（辨识出强度最大的情绪感受。）

4. 最强的这种情绪感受是怎么来的？（找出引发情绪感受的可能来源。）

5. 这种情绪感受要提醒我什么？（把力气用在真正关键的地方。）

自我对话的过程，就是在进行"反思"——反观自身，思考自己情绪的来源。若继续往内探究，还会发现情绪与原生家庭的生活经验或过往的某些重大事件息息相关。如此，我们得以理解情绪的意义与功能，确认是否把力气用到了对的地方，以及可以做些什么帮助自己面对当前的处境。

不加批判地允许情绪发生

觉察与反思，是为了中断那些惯性的行为模式，当再一次面对类似情境时，能用更有效的方式应对。但在这之前，还有一项重要的功夫，便是"允许"——允许自己情绪失控，允许自己无能为力，或者，允许自己搞砸。

"允许"并不表示我们认同这么做是对的，而是既然情绪反应已经无可避免地发生了，自责也没有用，那么就如实地承认它的存在，不加批评。同时，我们也清楚地知道，自己正在一次又一次的情绪经验中，通过觉察与反思提高情绪调控的能力，并能够更有效地应对类似的情境。

每一次的情绪失控都是你学习与成长的机会，因为发生在你我身上的情绪感受——特别是那些反复出现的——总是在提醒我们一些事情，你听得懂时就学到了，与此同时你也就提升了，成长了！

∞ 给家长的话

情绪不一定与当下的情境有直接联系。举凡想要的得不到、痛苦的甩不掉、得到的怕失去，这些状态都会引发我们的情绪困扰。如果我们未经觉察，很容易就把力气放在错误的地方，不是怪罪别人，就是自我责备。这样一来我们就不需要再耗神厘清问题了，只是问题依然没能得到解决。

用指责表达关爱，
其实是无力消化自己的焦虑

之前曾碰到一个初中生向我抱怨："我爸妈很爱管我，什么都要管！"

我问他是怎样的管法。

"就是一直唠叨、一直唠叨。做得好也唠叨，做不好也唠叨，好像在他们眼中，我一无是处。跟他们相处，实在很痛苦！"

"那你怎么办呢？"我问。

"能怎么办？听到他们的声音我就一肚子火。每次让他们别再唠叨了，他们就会说：'我是在关心你呀！'"

有一次，一对夫妇来找我谈孩子的事情。太太正在描述时，先生便插嘴："哎呀！不是这样子的！"

"你等我说完好不好？"太太说。

"可是，事情不是这样的。这样说，老师会误会的！"先生的口气有些急躁。

"你很急啊！口气为什么这么凶？"太太皱起眉头回道。

太太转过头看着我说："我真的快被我老公烦死了！一个男人怎么这么爱管东管西、唠唠叨叨，脾气不好，口气又差……难怪孩子不喜欢接近他。"

显然，这样的现象已经不是第一次出现了。这时，先生立刻回应："怎么老是嫌我凶呢？我这是关心呀！"先生又强调一次："关心才会说啊！"

我打断他们，对着先生说："所以，你好像是用指责来表达对家人的关爱？"

"我是在关心你呀！"

你我的身旁，不乏这样的人——管东管西、唠唠叨叨，似乎看什么都不顺眼，没事就爱念叨几句，口气还不是很好。你嫌他烦，他会说："我是在关心你！"听到这一句，你似乎也没有反驳的理由，更没立场要他闭上嘴，别管太多。

因为，他是为你好呀！

有些人常用指责来表达关爱，而且通常是身边与你互动密切的人，比如父母、子女、伴侣、手足或者亲密好友。他们确实很关心你，所说的也不是没道理，但讲出来的话总是不悦耳，常令人感觉到被批评、被否定，甚至觉得自己很蠢。

他们习惯站在一个较高的位置上，去管控或指挥别人的一言一行，总有些"好为人师"的样子。不过，就算是指导，也不需要如此急躁不安，口气好些总可以吧？很难！因为，在他们表达关爱的同时，内心常有着不合理的焦虑，如果这些焦虑没有被适当消化，便容易转为通过指责去表达。

对失序人生的焦虑

他们在焦虑些什么呢？

表面上，他们是担忧旁人的言行举止是否合宜，担心他人的做法是否妥当、会不会受到伤害，也就是他们常挂在嘴边的"这是为你好！"——他们确实对亲人很关爱。

更深层的是，他们的内心本就对事情的失序与无法掌控感到焦虑。当一件事情的发展没有照着内心的期待与秩序走时，他们便会焦虑。因为对他们而言，凡事遵照既定的计划、想象中的进程进行是很重要的。他们难以忍受混乱、失序以及不符预期的状态。

这样的人格特质通常与原生家庭生活经历或童年时期的遭遇有着密不可分的关系，对失序人生的焦虑促使他们更加积极掌控生活中的每个细节——若是对生存或适应有帮助的，就会被保留下来。

人际界限模糊，把他人的事情当作自己的事情

对自己的事情严加管控就算了，他们还要求别人比照办理。当一个人分不清楚什么是"自己的事"、什么是"别人的事"时，不是要求别人为自己的事负责，就是过度干涉别人的事；而容易用指责表达关爱的人，常是后者。所以，"管太多"常是他身旁的人对他的描述。

关系密切的人，本来就很难明确区分彼此的事。例如，夫妻生活需要共同操持家务，父母对子女负有教养的责任……有时候家人之间的互动相处要划清界限颇为困难。界限越模糊，过度担心失控的人就越容易越界、管得多，因为他们认为："我的事是我的，你的事也是我的事。"他们觉得自己只是表达关心，其实很多时候是过度干涉。因为无法控制别人的言行，为了应对失控引发的焦虑，他们便通过极强烈的愤怒或焦躁情绪表达出来，说出来的话语自然不讨喜。

这样的待人模式常会让身旁的亲人接收到两条同时存在但又矛盾的信息——被否定但又被关爱，总会感觉到"他是关心我的，所以我很重要"以及"他一直批评我，所以我一无是处"。受到批评或指责的人自然会想反击或逃离，但又因为感受到关爱，内心同时生出自责或内疚。

因此，"用指责表达关爱"的人际互动方式，不但无法达到任何沟通效果，还会让身旁的人痛苦不堪。若放在孩子的教养上，

孩子则无法发展出稳固与正向的自我价值，活在自我怀疑中。

如何面对常用指责表达关爱的人

如果你的身旁就有这号人物，你首先必须认识到改变别人并不容易，特别是当这样的沟通模式来自童年或原生家庭的成长经历时。

如果你还愿意和这个人相处，或者暂时也离不开，我只能请你多体会对方的善意——因为，他确实是关心你的——也就是选择只保留爱的成分，至于指责与批评，就让它们随风而逝吧！

当然，你也需要适当表达。请明确地告诉对方，同样是关爱，对方怎么表达，你更容易接受，而不是一味嫌弃对方说话口气不好，但又不告诉他怎么做比较好。当对方做出你期待中的表现——以温柔友善的方式表达关爱时——请立刻回馈对方："我感受到你是关爱我的，我喜欢你这么说。"

如果你是用指责表达关爱的人

如果你常用指责表达关爱，你首先要意识到你身旁的人可能很痛苦，而你传递的关爱已经大打折扣。

下一次，当你又忍不住想指导周围的人时，请先在内心喊"停"，试着回答两个问题：

"这件事是我的事吗？我一定得干涉吗？"

"引发我担心的是什么？是对方，还是我自己？"

如果一定要干涉，不说不行的话，也请等个五秒钟（十秒钟更好），再用和缓、稳定与温柔的语调，说出你对对方的关心或担心，以及你期待对方改进的地方。因为越急着脱口而出的话，往往越不假思索，造成的伤害也就越大。

"爱"是人世间最美好的力量，但若掺杂着焦虑、不安或恐惧等成分，往往就变了味。当焦虑被妥善安顿时，爱的力量便能获得充分的彰显。

∞ 给家长的话

当你又忍不住想指导周围的人时，请先在内心喊"停"，试着回答两个问题："这件事是我的事吗？我一定得干涉吗？""引发我担心的是什么？是对方，还是我自己？"明确区分"自己的事"和"别人的事"。

结语

因为不习惯，所以需要刻意练习

随着时代的演变与心理学知识的蓬勃发展，上一代人看似好用或合理的管教方式，现在已逐渐被淘汰，取而代之的是新的观念与新的策略。

比起上一代，新时代的父母有着更多的焦虑与挑战——因为长辈的那一套方法行不通，但新的方法还有待学习。难怪许多家长大叹"今非昔比"或"现代父母难为"。

然而，时代不同，我们的思维也不能总停留在过去，身为陪伴孩子成长的照顾者，永远需要有不断自我提升的觉悟。读完这本书，希望能让你对"陪伴"这件事有一些新的体会。

书中谈到的各种"有品质的陪伴"的观念与技巧，近年来我也多在演讲及工作室中反复提及。我会在课程中示范如何使用这些技巧，像同理心、正向聚焦、探问与引导等，同时会展示各种自我照顾的方法，也会给学员演练的机会。

我的某些学员回去会尝试使用我的方法，也收到了不错的效果。但大部分学员会把学到的东西留在课堂，回到现实生活中则什么都没有改变，与孩子及家人依然处在恶劣或冷漠疏离的关系中。后者不是不用功，他们很勤奋，也很想改变现况，通常也不是第一次参与类似的课程，甚至可能在很多大师的门下学习过。过去我总是不解，既然期待有所改变，就得付诸行动去尝试，为什么会"依然故我"呢？

有一回，我在课堂上示范了一个正向行为支持的回应技巧，也就是找到孩子"做得到"或"已经做到"的时刻，立即予以肯定与赞许。这个响应方式的好处是，能让孩子知道"自己正在做对的事情"，而感受到"自己的努力会受到大人的肯定"，进而愿意表现出更多合宜的行为，背后的假设是"每个人的努力都想被看见"。

我示范了几个回应语句后，看见在场的家长大多聚精会神地揣摩、思索与抄写笔记。这时，一位家长举手打破沉默，他说："陈老师，如果我这样说话，孩子一定会觉得我很奇怪！"

他的发言引起了其他家长的共鸣，纷纷附和道："对呀！孩子一定会觉得我吃错药了！""用这种方式说话，真的有点奇怪！"

当下，我恍然大悟，为什么求知若渴的家长在学习了心理学实证有效的沟通方式后，回去却不愿意在生活中落实。或许不是难度太高，也不是我没有讲明白，而是"不熟悉"。因为不熟悉，所以不习惯这么做。特别是这些沟通方式与平常习惯的说话方式大相径庭，他们当然也会质疑这么做是否真的有效果。

确实，这些新的沟通技巧往往是"反直觉"的，也就是说，没事的话你不会这样说话。从小到大，你从没听过身边的家人这么对过话，也从来没人教过你要这么说。于是，在实际生活里，惯性总是驾驭着我们的行为——采用最熟悉的沟通方式与家人或孩子互动。

对旧有的沟通方式是如此习惯与熟悉，于是在任何情境中，我们都会不假思索地拿出来使用。当关系紧张或冲突一触即发时，那些常讲的话也会脱口而出，于是不自觉中伤害了对方或彼此的关系，使得关系质量每况愈下，终至不可收拾。

另一方面，当我们采取新的沟通方式时，他人的响应也会让我们怀疑自己是不是说错了话。

例如，当你第一次用同理心响应孩子的情绪感受时，你对着考试成绩不佳的孩子说："我想，这次没能考好你一定感到很挫败吧？"孩子可能瞪大眼睛看着你，一时说不出话来，也可能扑哧一声笑了出来："爸！你到底在说什么呀？"

于是你会想："是我说错话了吗？"心里也可能出现质疑的声音："新的响应方式真的有效吗？"于是，你可能就此打了退堂鼓，放弃使用这些不熟悉的沟通技巧。

　　然而，孩子会有这样的反应，常常也是因为"不习惯"或"不熟悉"——他从来没想过你会这么对他说话，当然会觉得很奇怪。

　　在我的成长过程中，也没有人教过我要这么说话。当我有幸进入助人领域钻研后，才学习到这些心理学上实证有效的沟通技巧，因而慢慢改变了说话的习惯，这往往需要经年累月的练习。一开始因为不习惯，总会有些"卡"，也会让身旁的人感觉到"怪怪的"，经过反复练习后，就没这个问题了。

　　于是，我对提出这些疑问的家长说："越是这样，越是要刻意地多做出来、多说出来！

　　"当你用新的方式进行沟通时，本来就会引发对方有别于以往的反应，不论是愣住了还是说你很奇怪，都是正常的。这么做的目的，就是要通过新的沟通方式去引发对方新的反应，进而打破惯常的沟通循环。所以，你要给自己时间去练习，逐渐习惯这样的说话方式，也要给孩子时间去体会新的沟通方式带来的感觉是否有别于以往。"

　　习惯与行为的改变是渐进的，总会有一段混乱期，正因为旧的习惯被破坏，新的习惯又尚未完全建立起来，感觉"很奇怪"或"不适应"都是正常的。只需要一段时间的反复练习，便会开始逐渐熟悉，而良性的互动循环也会就此启动。

　　所以，在学习"有品质的陪伴"期间，刻意练习直到自然而然是有必要的。

你需要有意识地找机会将在本书中学到的互动技巧刻意地使用——除此之外，别无他法，不断地练习就对了。

当然，我也鼓励你观察孩子的反应。当你说出新的话语时，与过去惯常的方式相比，哪一个听起来比较友善，感到比较多的力量，觉得比较被理解，感觉比较能接受？接着，再做适当的微调。

在反复多次后，让新的习惯成为身体本能的一部分，在任何情境中都能自然地脱口而出，靠的就是练习、练习、再练习。我希望你现在就开始练习，从你觉得最容易上手的部分开始，只要每次都做一点不同的事，你就已经走在改善关系品质的道路上了！

在本书付梓的过程中，我要感谢许多人的协助，最要感谢的，是那些曾经与我在心理工作中交会过的大小朋友，他们愿意真诚地坦露自我，让读者能通过这些案例反思、觉察、学习与成长。还要深深感谢家人的支持，尤其是我的太太，总是愿意体谅这个忙碌不堪的另一半。当然，我也努力扮演好神队友的角色——好的婚姻关系，是孩子一辈子安全感的来源。现在，我成为一名父亲也已满一年，看着女儿逐渐长大，我深切地期盼能把我相信的道理落实到自己的家庭生活中，成为一位能给孩子"有品质的陪伴"的父亲。

我已经开始行动了，你呢？

版权合同登记号：图字11-2022-167号

图书在版编目（CIP）数据

不去伤害，也不被伤害 / 陈志恒著 . -- 杭州 : 浙
江文艺出版社，2022.7
ISBN 978-7-5339-6861-8

Ⅰ . ①不… Ⅱ . ①陈… Ⅲ . ①家庭教育　Ⅳ . ① G78

中国版本图书馆 CIP 数据核字（2022）第 077429 号

责任编辑：金荣良

文字编辑：汪心怡

不去伤害，也不被伤害

陈志恒 著

全案策划

联合读创（北京）文化传媒有限公司

出版发行

浙江文艺出版社

杭州市体育场路 347 号　邮编 310006

浙江省新华书店集团有限公司 经销

万卷书坊印刷（天津）有限公司 印刷

2022 年 7 月第 1 版　2022 年 7 月第 1 次印刷

880 毫米 ×1230 毫米　32 开本　8 印张

字数：172 千字

书号：ISBN 978-7-5339-6861-8

定价：52.00 元